La méditation philosophique

Une initiation aux exercices spirituels

Groupe Eyrolles
61, bd Saint-Germain
75240 Paris Cedex 05

www.editions-eyrolles.com

Du même auteur :

L'Apprentissage de soi, Eyrolles.
Exercices spirituels dans la phénoménologie de Husserl,
L'Harmattan.

© Groupe Eyrolles, 2010
ISBN : 978-2-212-54691-0

Xavier Pavie

La méditation philosophique

Une initiation aux exercices spirituels

EYROLLES

*« Quand tu te préoccupes d'un autre,
c'est alors que tu commences à te négliger toi-même. »*
Diogène de Sinope

Sommaire

La méditation philosophique, pour quoi faire ?

« *S'exercer à aimer la sagesse* », c'est le titre que nous aurions pu choisir en lieu et place de *La Méditation philosophique*. Le terme « méditation » prend en effet sa source dans le terme *melête,* qui notamment signifie « s'exercer ». Le terme « philosophie », quant à lui, vient de *philosophia*, « amour de la sagesse ». Ambitieux programme, que de s'exercer à aimer la sagesse ! Et d'emblée, on mesure les difficultés et les doutes d'une possible mise en œuvre. Pourtant, à travers le travail philosophique, chacun d'entre nous a cette possibilité, cette opportunité de viser la sagesse. Tout individu doté de raison peut être « philosophe » dès lors qu'il le souhaite. Si cette proposition paraît aujourd'hui un peu désuète ou provocatrice, voire gratuite, il faut la mettre en perspective avec la philosophie antique.

Celle-ci est avant tout une manière de vivre, d'être, de se comporter. Quelle que soit l'école à laquelle les individus vont appartenir — stoïcienne, épicurienne, cynique, par exemple –, tous vont pratiquer la philosophie dans l'objectif d'atteindre une certaine sagesse.

Cette sagesse s'acquiert notamment par la pratique des exercices spirituels ainsi que l'a souligné Pierre Hadot[1]. Les exercices spirituels sur lesquels nous nous attarderons sont la mise en œuvre de pratiques, de techniques dont le but est d'effectuer une transformation profonde du moi. Parmi ces exercices spirituels, la méditation recouvre une place considérable ; plus radicalement, il n'y a pas d'exercices spirituels sans méditation.

Il est important de préciser que la méditation philosophique est étrangère au sens actuel commun de la méditation, avec ses accents religieux en général, bouddhistes en particulier. L'enjeu de la méditation bouddhiste est de penser avec intensité à un élément, une image, comme l'eau, une vague, un nuage, etc., sans en approfondir le sens. Cette méditation se veut source de bien-être, dans un souci de vivre mieux, d'être en harmonie avec soi. Si la méditation philosophique vise également un vivre

---

1. Dans son article « Exercices spirituels et philosophiques », paru la première fois en 1977, puis repris dans la revue *Études augustiniennes* en 1981. Il a été ensuite publié dans l'ouvrage de Pierre Hadot, *Exercices spirituels et philosophie antique*, Albin Michel, 2002, p. 19-74.

mieux, elle en diffère toutefois fortement des méditations religieuses, tant sur la forme que sur le fond.

Nous verrons que la *melête*, c'est aussi l'exercice d'appropriation d'une pensée. Il s'agit de se plonger dans une pensée, celle de la mort par exemple, de se persuader de son existence, de croire cette pensée aussi réelle que possible. Il faudra donc la répéter sans cesse pour en toucher le sens, pour en être véritablement habité. La *melête* est donc un moment d'exercice, d'entraînement, de répétition. Méditer la mort sera ainsi se mettre soi-même dans la situation de mourir, de n'avoir que quelques jours à vivre. En conséquence de quoi, nous ne redouterons pas ce moment, au contraire nous nous l'approprierons.

Cet ouvrage n'est nullement un guide des méditations ou de la méditation. Il ne s'agira pas de parcourir les multiples méditations existant à travers les différentes traditions. L'enjeu est au contraire de s'arrêter spécifiquement sur la méditation philosophique, d'observer et de comprendre les méditations qui ont pu être pratiquées par les philosophes. L'objet est de chercher à se demander en quoi celles-ci peuvent aujourd'hui nous être utiles. Pour ce faire, nous déterminerons, dans un premier temps, le cadre dans lequel s'inscrit la méditation philosophique, et ce en faisant un arrêt sur les exercices spirituels des Anciens. Ces derniers, à travers leurs écoles, ont constitué dans l'Antiquité des principes à suivre pour mieux vivre. Ces principes – notamment issus des stoïciens, épicuriens, cyniques – insistent sur ce qui dépend de nous, montrent que le bonheur est facile à atteindre, qu'il faut se défaire des traditions, etc. Ces dogmes antiques nous permettront de mieux comprendre ce que représente la méditation dans le sens d'une préparation, d'une « préméditation » des maux. Pour les philosophes grecs, méditer a en effet pour finalité de « se préparer » tant à la mort, aux maux qu'aux obstacles de la vie. C'est cette préméditation que nous analyserons dans un deuxième temps. Enfin, dans un troisième temps, nous regarderons quelles sont les formes, les techniques et les méthodes que la méditation philosophique recouvre. Nous nous arrêterons sur la connaissance et la conscience de soi ; comment faire le bilan de soi et anticiper son attitude. Cette partie s'intéressera également au « comment » méditer ; nous porterons ainsi notre regard sur les techniques utilisées par les philosophes, comme l'écriture, la lecture, mais aussi la promenade méditative ou encore comment écouter et faire silence en soi.

Avant de commencer, quelques mises en garde s'imposent. Répétons que cet essai n'apporte pas de solution miracle pour mieux vivre, il ne s'agit pas d'un livre de « recettes du mieux vivre ». Après sa lecture, tout reste à faire pour commencer à méditer philosophiquement. De plus, la méditation est un travail, un entraînement, une répétition, une ascèse. Si elle permet d'appréhender mieux les obstacles de la vie, elle est en même temps particulièrement exigeante dans la transformation de soi, dans la mise en œuvre d'un changement de son moi profond. Au même titre qu'on ne devient pas philosophe en le décidant ou en « philosophant » une fois par semaine – on peut certes décider d'une heure à l'autre de pratiquer la méditation philosophique –, cela n'aura véritablement d'effets qu'à travers une persévérance dans la pratique régulière.

Une seconde mise en garde s'adresse aux philosophes. Il ne s'agit pas, ici, de comprendre la « méditation philosophique » comme un concept au sens deleuzien ou d'y voir une « histoire » de la philosophie. Ce que nous avons humblement souhaité extraire de l'histoire philosophique, c'est une forme de pratiques. Cette forme qu'est la méditation est l'une des mises en œuvre des exercices spirituels des Anciens, ainsi que Pierre Hadot[1] et Michel Foucault[2], entre autres, l'ont perçue. Nous croyons à la

---

1. *Idem.*
2. Michel Foucault, *Le Gouvernement de soi et des autres*, Cours au Collège de France. 1981-1982, Gallimard-Le Seuil, 2008.

possibilité d'une accessibilité des techniques philosophiques ainsi qu'elles étaient mises en œuvre dans l'Antiquité sans pour autant en dénaturer le propos. Ce qui nous amène à une dernière remarque, plus générale. Cet ouvrage est un départ vers la philosophie, il vise à promouvoir la profondeur des textes antiques, à les rendre disponibles au plus grand nombre afin qu'ils soient lus, médités, partagés. Nous n'avons pas d'autre enjeu que de jeter un pont vers les Anciens à travers la méditation. Autrement dit, rien ne remplacera la lecture directe du *Manuel* d'Épictète, des *Pensées* de Marc Aurèle, des *Lettres* d'Épicure, etc.

Partie I

La méditation philosophique, un exercice spirituel

La méditation philosophique est intimement liée à la notion d'exercice spirituel. Elle est en fait un des outils des exercices spirituels permettant de mettre en œuvre ce que l'on veut voir s'accomplir chez soi : une amélioration, une transformation, une modification de soi, et ce dans le but de mieux vivre. C'est aussi l'objectif de prendre soin de soi, l'*epimeleia heautou*, qui engage notre pensée, notre réflexion avant tout vers soi ; c'est une volonté de s'apprécier soi-même en se connaissant, se critiquant, s'améliorant pour finalement se transformer.

Nous nous arrêterons tout d'abord rapidement sur ce que représentent les exercices spirituels pour les grandes écoles philosophiques antiques. Cela permettra de situer philosophiquement les écoles, leurs doctrines, leurs propositions et ainsi de mieux comprendre les philosophes, comment ils abordent la méditation et les techniques qu'ils préconisent. Ce sera l'enjeu du deuxième temps de cette partie. Nous tenterons alors de souligner à la fois la facilité de la méditation philosophique, mais également ses difficultés à l'occasion d'une mise en œuvre. Spontanément, tout un chacun peut être séduit par la méditation philosophique, l'apport est considérable et *a priori* accessible à tous. Néanmoins, il faut se rendre à l'évidence, ce n'est pas si simple. Le courage, la rigueur, l'engagement nécessaires pour une méditation philosophique peuvent être parfois décourageants voire déroutants. Néanmoins, si une telle exigence est requise et surtout si elle a conquis toutes les philosophies, c'est que cela en vaut la peine. L'implication et l'engagement que l'on prend à méditer permettent un accès à un mieux vivre, un mieux être et génèrent chez qui pratique la méditation une plénitude d'existence.

Les exercices spirituels, un outil de la méditation ?

Origine de l'exercice spirituel

Revenons rapidement sur les termes qui composent l'expression « exercice spirituel ». L'étymologie latine de spirituel est *spiritualis*, « ce qui est esprit, qui n'a pas de corps ». On note trois dimensions d'utilisation. Ce terme peut se référer à l'Esprit Saint et désigner alors un rapport vital avec lui. Il peut également se référer à une dimension de l'être humain qui est l'âme et sa capacité d'entrer en rapport avec Dieu. Enfin, troisième dimension, l'esprit se comprend au sens d'*esperitiel*, qui signifie la nature immatérielle, ce qui est de l'ordre de l'esprit.

La notion de spirituel évoque donc ce qui est immatériel, l'âme, la nature de l'esprit. C'est une activité de l'esprit où la raison ne semble pas apparaître sans pour autant être exclue. Cette activité de l'esprit semble également faire corps avec les perceptions sensorielles et en même temps les interrogations métaphysiques qui englobent la réflexion sur soi en la reliant à son environnement, à ce qui l'entoure.

La religion, notamment chrétienne, a utilisé très tôt et abondamment le terme « spirituel » pour désigner le rapport de l'esprit, de l'âme avec Dieu. Toutefois, il est fondamental de rappeler que le rapport à l'âme n'est pas uniquement déterminé à la religion ou à un dieu. La philosophie antique est là pour le montrer, ne serait-ce qu'en considérant les différents *Fragments* d'Héraclite, où il est dit que l'âme naît de l'eau. Mais aussi chez Démocrite, Empédocle, chez les épicuriens et les stoïciens, où l'âme apparaît d'abord comme le principe d'organisation du vivant et possède de plus la singularité d'être matérielle, sous forme d'atomes, par exemple.

La spiritualité, le spirituel est libre et c'est en cela que l'on peut dire que la raison ne peut en être exclue ; de fait, les

Églises s'en sont toujours méfiées en le confisquant aux individus. C'est d'ailleurs parce qu'il est libre, individuel et subjectif que les religions ont eu la volonté de le contrôler. Il peut conduire à Dieu, comme peut tout autant ignorer son existence. Cette liberté a d'ailleurs pu créer des religions sans dieu comme chez les Aborigènes ; ainsi, il peut y avoir un « spirituel » sans dieu. La notion de spiritualité est ainsi neutre par rapport à celle de foi en Dieu. La spiritualité est la rencontre et le questionnement de sa propre vie intime, sa vie intérieure, et cela se dissocie de la foi religieuse, qui, elle, est extérieure car elle se réfère à un Dieu transcendant et réclame une renonciation à soi.

Le spirituel semble donc être un inconnu, mais pas pour soi, le spirituel est connaissable de soi et par soi, il ne s'appuie sur rien d'extérieur ; c'est une expérience subjective qui se vit de façon solipsiste. Pleinement ancré dans la vie, il se rapproche de la notion de « vivre du mieux possible » car il peut accepter, voire exiger, une forme de discipline, d'ascèse dans le but de vivre l'existence de la façon la plus entière, la plus intense possible.

Il n'est pas nécessaire de s'arrêter longuement sur le terme « exercice », simple à comprendre, il trouve son étymologie dans le latin *exercitium* et signifie l'action d'exercer quelqu'un à quelque chose ou de s'y former soi-même. La notion d'exercice est intimement liée à la notion de travail, d'entraînement et de répétition. C'est, par exemple, s'efforcer à intégrer et à mémoriser les dogmes fondamentaux de l'école philosophique que l'on choisit. Ce moment est capital, et les débutants, les nouveaux entrants et disciples de l'école devaient en priorité apprendre ces dogmes. Les *Lettres* d'Épicure que nous allons voir jouaient ce rôle. Il s'agissait au maître, à travers ses lettres, de s'adresser au disciple en indiquant les règles à suivre dans telle ou telle circonstance. L'enjeu est bien de se souvenir de ces règles de vie pour les avoir disponibles dès lors que nous en avons besoin, devant une circonstance inhabituelle, face à des obstacles.

L'association « exercice » et « spirituel » semble donc montrer qu'il y a « exercice », c'est-à-dire travail, entraînement dans un rapport avec et/ou sur l'âme. Dans la lignée de Pierre Hadot et de Michel Foucault, nous formulons même que toute la philosophie de l'époque hellénistique est exercice spirituel ; plus exactement, elle peut être considérée comme une manière de vivre, c'est l'objet même des exercices spirituels. La philosophie se présente alors comme une liberté intérieure où le moi ne dépend que de lui-même. L'exercice spirituel est ainsi une pratique volontaire, personnelle, destinée à opérer une transformation de l'individu, une transformation de soi.

Les Anciens nous montrent la voie

Loin d'être de simples théories, les exercices spirituels recouvrent une dimension résolument pratique, ils se mettent en œuvre. Selon les écoles, les philosophes, les époques, les exercices spirituels s'élaborent de différentes façons. Nous proposons de les parcourir rapidement, et de souligner que la méditation philosophique est l'un des exercices spirituels les plus pratiqués.

Les exercices spirituels dans l'école stoïcienne

L'école stoïcienne émerge vers 324 av. J.-C., à peu près à la même époque que l'épicurisme. Il est admis que le stoïcisme se découpe en trois périodes distinctes : le stoïcisme ancien (autour de 315 av. J.-C.), représenté par le fondateur de ce courant, Zénon de Citium ; la période intermédiaire (autour du Ier siècle av. J.-C.), avec comme représentant Antipater de Tarse ; le stoïcisme tardif (Ier et IIe siècle apr. J.-C.), avec ses trois fers de lance, Sénèque, Épictète et l'empereur Marc Aurèle.

Le stoïcisme a eu une influence considérable sur l'ensemble de l'histoire de la philosophie qui lui a succédé et bon nombre de philosophes – Montaigne, Descartes, Spinoza, notamment – s'en sont réclamé de près ou de loin. Le stoïcisme a par ailleurs été l'école la plus reprise dans le christianisme ; les Pères de l'Église se sont appropriés un certain nombre de positions stoïciennes pour instituer les dogmes chrétiens comme la maîtrise des passions, par exemple.

Se préparer et se maîtriser

Les stoïciens développent plusieurs propositions que les disciples et élèves de l'école doivent suivre, se remémorer sans cesse pour ensuite les mettre en œuvre. Tout d'abord que l'individu doit apprendre à maîtriser les passions qui sont nuisibles à son âme. Cette proposition, capitale, concentre quasiment toute la pensée stoïcienne. En effet, la maîtrise des passions est ce qui préoccupe les stoïciens, et leurs exercices spirituels ont pour enjeux de garder sous contrôle les passions auxquelles ils risquent d'être soumis. Par « passions nuisibles à l'âme », il faut entendre la recherche de gloire, l'envie de richesse, la soif de pouvoir, etc. Une seconde proposition stoïcienne précise qu'il faut accepter tout ce qui arrive comme conforme à un ordre universel. Cet ordre, c'est la nature et il s'agit d'accepter tout ce qui arrive, tout ce qui peut se passer, tout ce qui peut advenir, conformément à cet ordre. Les malheurs, les difficultés, les obstacles comme les moments sont à accueillir de la même façon. Il n'y a pas à regretter, à se morfondre que telle ou telle chose ne soit pas comme on le souhaite, tout est comme il se doit que cela arrive. Cela fait sens avec les propos d'Euripide : « *Supporte les maux et abstiens-toi des biens* », qui indique l'obligation de supporter les difficultés telles qu'elles adviennent. Il ne s'agit pas de s'attendrir sur son sort, sur les obstacles de la vie, mais de les accueillir, de les supporter car nous n'y pouvons rien.

Autre proposition stoïcienne, l'âme doit être forgée selon trois axes : la connaissance, la recherche de la sagesse et la vie heureuse. À travers cette proposition, les stoïciens visent le travail de l'âme. Conscients que notre âme est malléable, qu'elle peut être améliorée, ils cherchent à lui donner un « programme de formation » qui s'articule d'abord sur la connaissance, afin que celle-ci puisse apprendre, savoir, connaître les choses du monde. Pour qu'elle ne soit ni naïve ni ignorante, l'âme doit, en effet, en permanence découvrir et comprendre ce qui l'entoure. Elle doit également travailler à la recherche de la sagesse et ainsi vivre en pleine harmonie avec la nature, avec le monde, tout en sachant s'extraire du monde, prendre le recul et la hauteur nécessaires par rapport aux choses. Enfin, l'âme se doit d'être formée à la vie heureuse, tel est son objectif. Il s'agit, pendant le temps d'humain passé sur terre, de viser la vie heureuse, de vivre du mieux possible.

Avoir chaque jour la mort devant les yeux pour l'apprivoiser, ne pas la craindre et se rappeler que nous allons mourir. Cette proposition stoïcienne est éloquente ; il s'agit de se rappeler tous les jours, à chaque moment, en permanence que nous allons mourir. En conséquence, la crainte de la mort disparaît, car en l'ayant si fréquemment près de nous, il est possible de l'apprivoiser et ainsi de ne pas en avoir peur. Seule la « fréquentation » régulière de la mort permettra une familiarité selon les stoïciens avec ce qui nous préoccupe le plus, notre fin certaine.

Certaines choses dépendent de nous et d'autres n'en dépendent pas. Cette proposition – peut-être la plus célèbre de toute la pensée stoïcienne – est le fondement de toute l'école. Elle se retrouve chez Épictète qui, dans son *Manuel*, précise : « *Ne cherche pas à ce que les événements soient comme tu veux, mais veuille que les événements soient comme ils sont et tu seras dans la sérénité*[1]. » Il s'agit de se répéter en permanence cette phrase pour l'assimiler et s'en souvenir dès lors que l'on sera confronté à une situation difficile. Ainsi, ce qui dépend de nous, ce sont les choses que nous faisons de notre plein gré, les choses que nous faisons avec notre volonté, notre conviction et notre raison. Il dépend de moi, par exemple, de choisir de me marier, de travailler, d'avoir des enfants, etc. *A contrario*, il ne dépend pas de moi qu'un de mes parents décède

---

1. Épictète, *Manuel*, trad. Emmanuel Cattin, Garnier-Flammarion, 1999.

dans un accident, que l'employeur qui m'embauche fasse faillite et qu'il doive me licencier, etc.

Une dernière proposition stoïcienne peut être soulignée dans les *Pensées* de Marc Aurèle. Ainsi annonce-t-il : « *Dès l'aurore, dis-toi à l'avance que tu rencontreras un indiscret, un ingrat, un insolent, un fourbe, un égoïste*[1]. » La proposition est très claire : il faut se préparer, anticiper le fait que nous nous trouverons dans la journée à venir confrontés à plusieurs individus qui ont ce type de caractère. En anticipant cette rencontre, lorsque cela arrivera, nous ne serons ni surpris ni déçus.

Les exercices spirituels de l'épicurisme

L'école épicurienne est instaurée par Épicure. Elle est intimement liée au lieu où les cours sont dispensés, le « Jardin ». Épicure avait acheté cet endroit et recevait sans distinction tous ceux qui voulaient s'y rendre. Contrairement au lieu commun, Épicure menait une vie très austère.

Il lui suffisait pour vivre d'un peu d'eau, d'un quart de vin et de pain de froment.

De l'ensemble de son œuvre, seuls trois écrits sont restés, trois lettres où vont se retrouver les fondamentaux de sa doctrine. La première lettre est adressée à Hérodote et

---

1. Marc Aurèle, *Pensées*, Garnier-Flammarion, 1999.

porte sur les réalités physiques ; la deuxième, sur les réalités célestes, est envoyée à Pythoclès ; enfin la dernière est adressée à Ménécée et s'interroge sur les modes de vie.

Prendre soin de l'âme

L'école épicurienne énonce plusieurs propositions à suivre pour une vie meilleure, il faut pour cela les comprendre et les suivre, se les formuler pour s'en souvenir et se les approprier. L'une des plus fondamentales est que la vie est fondée sur le plaisir et l'évitement des déplaisirs, l'ataraxie. Cette proposition risquerait d'être mal interprétée si l'on a à l'esprit que l'épicurisme est synonyme de plaisir, débauche, consommation à outrance, excès de nourriture et de boisson, etc. Bien au contraire, Épicure recommande de se restreindre, de consommer avec frugalité un peu de pain, un peu d'eau comme il le faisait lui-même. Le plaisir pour Épicure est facile à obtenir, car il s'agit pour cela d'avoir très peu de besoins. Cette facilité du plaisir s'articule avec l'évitement du déplaisir, l'ataraxie, l'absence de trouble. C'est en permanence savoir éviter ce qui peut advenir comme difficulté. Il est par exemple important de ne pas avoir des enfants si l'on ne veut pas craindre de souffrir de leurs caprices, de leurs besoins ou de leurs éventuelles disparitions. Éviter le déplaisir, c'est par exemple se garder de se marier si l'on ne se croit pas capable de supporter la vie à deux, qui nécessairement contient du déplaisir.

Pour Épicure, la philosophie est une thérapie destinée à soigner l'âme de l'homme. Dans les *Sentences vaticanes*, Épicure aborde la nécessité de philosopher dans un but thérapeutique, comme solution pour soigner l'âme et l'esprit. Pour cela, il s'agit de ne pas « *feindre de philosopher, mais réellement de philosopher ; car nous n'avons pas besoin de paraître en bonne santé mais d'être véritablement en bonne santé*[1] ». Son propos est important pour comprendre le sens des exercices spirituels et surtout leur mise en œuvre. Il ne suffit pas, explique Épicure, d'écouter de la philosophie, d'en lire, même de l'enseigner. Il s'agit de vivre la philosophie, de vivre en philosophe. Un amateur de philosophie, un professeur de philosophie, un lecteur de philosophie pourrait échouer à mettre en pratique les conseils épicuriens dès lors qu'il restera en dehors de cette philosophie qu'il ne vivra pas au fond de lui. Lire, écouter, enseigner de la philosophie, ce n'est pas être philosophe ; avoir une connaissance encyclopédique de la philosophie ne rend pas philosophe. De même, il s'agirait de ne rien connaître de la philosophie, de son histoire et des philo-

---

1. Épicure, *Lettres, Maximes, sentences.* trad. Jean-François Balaudé, Livre de poche, 1994.

sophes qu'il serait possible de philosopher – à l'instar d'un Socrate, par exemple. Vécue pleinement, c'est-à-dire en accordant pensées et vie pratique, en liant théorie et expérience, la philosophie peut soigner l'âme des individus. Pour Épicure, pratiquer la philosophie, c'est donc comprendre la source d'un mieux être et d'un mieux vivre et de les appliquer à sa propre vie.

La philosophie a une réelle connotation thérapeutique pour Épicure, le rôle d'une thérapie destinée à soigner l'âme de l'homme, tout comme la médication soigne d'autres maux. Tout étant matière pour Épicure, la douleur l'est également, c'est un agencement d'atomes déséquilibrés qu'il s'agit de réharmoniser à l'aide de la philosophie. Épicure n'hésite pas à employer un vocabulaire et des expressions médicales pour exposer ses arguments d'une philosophie comme solution aux maux de l'âme. Il va jusqu'à préciser que la philosophie ne sert essentiellement qu'à cet objectif : « *Vide est le discours du philosophe s'il ne soigne aucune affection humaine. De même en effet qu'un médecin qui ne chasse pas les maladies du corps n'est d'aucune utilité, de même aussi une philosophie, si elle ne chasse pas l'affection de l'âme*[1]. » Ces affections de l'âme pour Épicure se retrouvent à travers les chagrins, les tristesses, les soucis,

____

1. *Idem.*

la superstition, la crainte des dieux… bref, toutes les choses qui ne laissent jamais un individu au repos. Il s'agit donc de s'occuper de notre propre guérison en expulsant les troubles qui nous affectent, en se dégageant des choses éphémères pour « *devenir entièrement maîtres de nous-mêmes*[1] », précise-t-il. C'est le rôle de la philosophie que de permettre cette guérison, c'est l'amour de la véritable philosophie qui dissout les troubles et les difficultés de la vie.

De façon tout à fait concrète, la pratique de la philosophie pour Épicure, c'est le respect de deux propositions. La première est qu'il ne faut subvenir qu'aux désirs naturels et nécessaires pour vivre heureux ; cela s'oppose aux désirs naturels et non nécessaires et aux désirs non naturels et non nécessaires. Épicure souligne que philosopher, c'est avoir conscience et respecter cette triade. Il s'agit de subvenir aux désirs naturels et nécessaires, par exemple le fait de manger et de boire est un désir naturel et nécessaire car nous sommes des êtres vivants, et pour survivre il est fondamental de manger et de boire. Par ailleurs, il y a des désirs naturels et non nécessaires, l'acte sexuel est un bon exemple, précise Épicure. Ce désir est naturel, il advient spontanément, naturellement, néanmoins, il n'est pas nécessaire car il n'est pas une condition à notre

____

1. *Idem.*

propre survie. Enfin, il se trouve des désirs non naturels et non nécessaires, par exemple la gloire, le pouvoir, la richesse. Ces désirs ne sont ni naturels – il n'est pas propre à la constitution des individus d'avoir ces désirs – ni nécessaires au développement de l'homme.

L'autre proposition effective importante chez Épicure, c'est le *tetraphamarkos,* le « quadruple remède » qui expose que les dieux ne sont pas à craindre, la mort ne donne pas de souci, le plaisir est facile à obtenir, la douleur facile à supporter. L'application de ce quadruple remède est la source de la philosophie épicurienne qui donne accès à un mieux être. Les dieux ne sont pas à craindre pour Épicure, ce n'est pas qu'ils n'existent pas, mais s'ils existent, c'est au sein d'« intermondes ». Pour Épicure, les dieux n'ont pas créé l'univers et ne se soucient pas de ce qui peut s'y passer. S'ils ont une existence, elle n'est pas en ce monde, ils sont dans des intermondes, des lieux inaccessibles, impassibles, immatériels. S'il y a des dieux, il n'y a donc pas à les craindre, il n'y a pas à redouter leurs colères, leurs vengeances ou leurs punitions ; de même qu'il n'y a rien à en attendre. Il ne sert à rien de prier, de faire des offrandes, ils n'ont rien à donner comme récompense ou miracle.

Le deuxième aspect du *tetraphamarkos* est de se rappeler que « la mort n'est rien ». Cela s'explique très facilement pour le philosophe de Samos, car la mort nous est tout à fait étrangère. Elle nous est extérieure : elle n'est pas là alors que nous sommes en vie, et lorsque nous sommes morts, elle n'existe plus. La *Lettre à Ménécée* est éclairante à ce sujet : « *Accoutume-toi à penser que la mort avec nous n'a aucun rapport ; car tout bien et tout mal résident dans la sensation : or, la mort est privation de sensation. Il s'ensuit qu'une connaissance correcte du fait que la mort avec nous n'a aucun rapport permet de jouir du caractère mortel de la vie, puisqu'elle ne lui impose pas un temps inaccessible, mais au contraire retire le désir de l'immortalité. Car il n'y a rien à redouter, dans le fait de vivre, pour qui a authentiquement compris qu'il n'y a rien à redouter dans le fait de ne pas vivre. Si bien qu'il est sot celui qui dit craindre la mort, non parce qu'elle l'affligera lorsqu'elle sera là, mais parce qu'elle l'afflige à l'idée qu'elle sera là. Car la mort qui, une fois là, ne nous cause pas d'embarras, provoque une affliction vide lorsqu'on l'attend. Le plus terrifiant des maux, la mort, n'a donc aucun rapport avec nous, puisque précisément, tant que nous sommes, la mort n'est pas là, et une fois que la mort est là, alors nous ne sommes plus. Ainsi, elle n'a de rapport ni avec les vivants, ni avec les morts puisque pour les uns elle n'est pas, tandis que les autres ne sont plus*[1]. »

____

1. *Idem.*

Le fait que le plaisir est facile à obtenir constitue le troisième pilier du quadruple remède épicurien. Cela fait écho au fait de ne satisfaire qu'aux besoins naturels et nécessaires. Si l'on se concentre sur ces désirs alors le plaisir est facile à obtenir. Avoir de quoi manger et de quoi boire n'est pas complexe dès lors que l'on ne recherche pas quelque chose de rare ou de trop sophistiqué. Le plaisir de se nourrir pour Épicure, c'est du pain, de l'eau et du fromage. Si l'on considère que le plaisir dans la nourriture, c'est un plat très élaboré, il sera bien sûr plus difficile à obtenir.

Enfin, dernier élément, la douleur est facile à supporter. Ce dernier moment du *tetraphamarkos* souligne simplement que la douleur est supportable car elle est toujours éphémère. Ou bien elle est terrible et l'on finit par succomber ou bien la douleur elle-même finit par disparaître.

L'une des citations les plus célèbres d'Épicure est la suivante : « *Que personne, parce qu'il est jeune, ne tarde à philosopher, ni parce qu'il est vieux, ne se lasse de philosopher ; car personne n'entreprend ni trop tôt ni trop tard de garantir la santé de l'âme*[1]. » Ce que souligne Épicure, c'est que seule la philosophie, sa pratique permettent un accès au

---

1. *Idem.*

bonheur. Il y a pour lui un lien naturel entre bonheur et philosophie. C'est pourquoi Épicure demande d'exercer la philosophie, de la réaliser que l'on soit jeune ou vieux. Il est toujours temps et fondamental de philosopher, c'est la seule voie au bonheur et c'est ce qui rend possible l'atteinte d'une vie heureuse.

Les exercices spirituels dans le cynisme

L'objectif principal du cynique est de faire changer les mentalités avec, si besoin, l'utilisation de la provocation. Le terme « cynique » – du grec *kunikos* qui signifie « qui concerne le chien » – est le nom choisi par Antisthène pour qualifier son école philosophique. Ce choix semble reposer sur deux raisons. La première vient du fait qu'Antisthène enseignait dans le Cynosarge, le « mausolée du chien » qui se trouvait dans la banlieue d'Athènes. Ce lieu était particulièrement singulier car cosmopolite, il accueillait en effet tous ceux qui n'étaient pas issus de deux parents athéniens. La seconde raison viendrait du fait qu'il se surnommait lui-même « Chien », montrant ainsi un mépris des lois et des conventions et prônant un retour aux choses les plus simples, à la nature par exemple. Deux personnages majeurs sont à l'origine de cette école et ont contribué à sa célébrité : Antisthène et surtout Diogène de Sinope.

Se suffire à soi-même

Plusieurs propositions cyniques peuvent être regroupées car elles ont sensiblement la même signification. Pour les cyniques, les plaisirs comme les passions sont trompeurs, nuisibles et éphémères. Il s'agit donc de s'en méfier, tout comme la fortune, le pouvoir et la propriété qui sont des éléments à manier avec prudence pour s'assurer une vie limitant les soucis. En conséquence de quoi, la vie heureuse est atteignable sous couvert d'une ascèse personnelle et d'une volonté de combattre l'inutilité des passions.

Pour les cyniques, ce qu'il faut viser, c'est l'apathie et non le bonheur. L'apathie réside dans la volonté de se retrouver dans un état suffisamment serein pour affronter les aléas de la vie, du quotidien sans éprouver de souffrances. Pour atteindre l'apathie, les cyniques invitent à se conformer à deux ordres : le monde animal et le monde divin. Les dieux n'ont pas de besoin et il est tout à fait utile de copier cette attitude. Même chose pour les animaux, leurs besoins très restreints doivent être une source d'inspiration. Se suffire de peu, c'est se suffire à soi-même, soulignent les cyniques, et c'est le gage d'une grande liberté et d'indépendance. Cette philosophie de l'autarcie est au cœur de l'exercice spirituel des cyniques. Savoir être ce que l'on est et sans besoin d'autrui est l'essence de ce qu'il faut suivre, au prix, s'il le faut, de posséder très peu, de vivre de très peu : « *N'est riche que celui qui se suffit à lui-même*[1]. »

L'homme est attiré par l'envie de possession et l'envie de pouvoir, Diogène le sait et ne nie pas que ces désirs existent. Cependant, il est également conscient que l'homme possède une raison et qu'il est du devoir de l'homme d'user de celle-ci pour combattre ses passions. Comme les passions, les plaisirs sont à combattre. Ils sont comme un puits sans fond. Il est illusoire de chercher à les assouvir, d'autres surviennent encore et toujours. C'est la recherche du plaisir qu'il faut combattre, non son assouvissement. La recherche de plaisir résonne en écho à la souffrance, au travail, à la maladie, aux revers de la fortune, à toutes les difficultés, aux obstacles de la vie. En ne recherchant pas le plaisir, on découvre l'apaisement, la sérénité d'une vie sans désir vain. Le combat des plaisirs est le plus sûr moyen de recouvrer sa liberté d'individu. C'est en s'écartant des plaisirs que l'homme deviendra plus fort. Seule une véritable ascèse permet d'accéder à l'indifférence des plaisirs. Diogène souligne deux sortes d'ascèses, l'une concerne l'âme, l'ascèse psychique, et l'autre le corps, l'ascèse corporelle. Cette dernière nécessite un exercice continu facilitant l'accès aux actes vertueux. Cependant,

---

1. Léonce Paquet, *Les Cyniques grecs*, Livre de poche, 1992.

cette ascèse corporelle est incomplète puisque la force, l'entraînement sont tout autant à rechercher pour le corps que pour l'âme. Ainsi explique-t-il que les arts manuels, les artisans, les athlètes, les joueurs de musique, par exemple, sont brillants dans leurs savoirs, mais il eut été plus nécessaire de reporter une partie de leur ascèse dédiée à l'un ou l'autre art sur l'âme. Selon Diogène, la vie ne peut donc être réussie sans ascèse alors que l'ascèse peut triompher de tout.

Antisthène à qui l'on demanda quel résultat il avait tiré de la philosophie répondit : « *Être capable de vivre en compagnie de soi-même*[1]. » Cette phrase est importante car les cyniques insistent beaucoup sur la nécessité de dialoguer avec soi-même. Cela pourra se faire grâce à la volonté qui conduit à l'ascèse. Cette ascèse se produit donc par le dialogue entre soi et soi. Lorsqu'un jour on demanda à Diogène comment on pouvait devenir maître de soi, il répondit : « *En se reprochant à soi-même ce que l'on reproche aux autres*[2]. » Pour cela, il faut d'abord initier un échange, un dialogue avec soi.

---

1. *Idem.*
2. *Idem.*

Une méditation de l'action

Pas d'exercice spirituel sans méditation

Dans ce rapide parcours des exercices spirituels, il n'a aucune fois été question de méditation et pourtant elle est constante, permanente, diffuse, continue, précise et puissante. Le terme même de « méditation » est intimement lié aux exercices spirituels ; nous avons souligné qu'étymologiquement « exercice » et « méditation » sont synonymes. Pierre Hadot, d'ailleurs, utilise l'expression « méditation » s'agissant des exercices spirituels, dans la mesure où *melête* correspond à *meditatio* en latin et désigne les « exercices préparatoires ».

L'exercice spirituel ne peut émerger sans méditation, il peut être évoqué, mais de façon furtive, rapide, superficiellement. Il n'entre alors ni dans l'habitude ni dans la conscience de l'individu. Sans méditation, pas d'exercice spirituel, on s'en tient à du discours, à de la théorie, pas à de la pratique ni à l'expérience. La méditation est la clé de l'exercice spirituel, comme elle l'est de toute la philosophie. Il ne peut y avoir de philosophie sans méditation. Le contraire n'est pas vrai, il peut y avoir de la méditation sans exercice spirituel. Toute la pratique religieuse, qu'elle soit bouddhiste, chrétienne ou musulmane, par exemple, use abondamment de la méditation sans pour autant faire état d'une mise en œuvre d'exercice spirituel.

Le bouddhiste dans sa méditation va rechercher une harmonie, un bien-être, une compassion, un détachement, etc. Le chrétien tentera un dialogue avec Dieu à travers la méditation. Pas le philosophe, il recherche à travers la méditation la mise en place d'un ou de plusieurs exercices spirituels. La méditation est en fait l'outil de la mise en œuvre des exercices spirituels. Le philosophe se doit de se concentrer, de se préparer, de méditer sur ce qu'il souhaite travailler comme exercice.

La méditation philosophique est non seulement le point de passage, mais aussi le point d'ancrage entre la théorie et la pratique, entre le discours et l'expérience, entre la philosophie dite « théorique » et celle que l'on dit « pratique ». Sans ce passage, la philosophie reste de l'ordre du superficiel, de la théorie, du discours. L'enjeu de la méditation, c'est de faire entrer ce que l'on souhaite être dans la phase du faire-être. C'est le passage de la volonté à l'action, c'est le moment où la philosophie n'est plus simplement une bonne ou belle pensée, elle devient une réalité, elle devient une pensée en acte.

Tous philosophes ?

Lorsqu'on parcourt les propositions constituant les exercices spirituels qui, ne serait-ce qu'un instant, pourrait s'y opposer ? Qui pourrait les condamner ? Qui oserait dire que cela n'a pas de sens, que cela est ridicule ou encore ne sert à rien ?

Se détacher des passions, se concentrer sur ce qui est nécessaire et naturel, ne pas craindre les dieux ni la mort, remettre en cause l'ordre établi, faire fonctionner sa raison, viser la sagesse, etc. Qui pourrait s'élever contre ces principes en disant qu'ils ne sont pas intéressants et qu'il ne s'agit pas de suivre ces conseils ? Peu de monde ; en réalité personne. Tout individu qui approche la philosophie par les exercices spirituels provenant des textes antiques est attiré par ces dogmes immuables, intemporels, indestructibles. Tout un chacun est sensible à ces propos intouchables qui instantanément nous entraînent dans une sagesse profonde, presque sublime car étourdissante. Les propositions philosophiques des exercices cyniques, épicuriens ou stoïciens génèrent chez toute personne les lisant ne serait-ce qu'une fois une envie de mise en œuvre, de mise en pratique. Et ce qui est d'autant plus flagrant, c'est l'instantanéité de la démarche. On se veut et on se croit philosophe sur-le-champ ! La portée de ces préceptes embarque littéralement le lecteur dans une stature de philosophe, qui en arrive presque à se croire philosophe en cherchant en soi-même, dans ses propres expériences, dans ses propres exemples une posture que l'on a adoptée et qui se conforme à ces règles antiques.

La limite de cet engouement, de cette projection en-philosophe, c'est la descente, c'est l'effet « soufflé au fromage »… On se sent gonflé ou regonflé à la lecture de ces phrases que l'on trouve si justes, si proches de soi, de ce que l'on veut être. Elles offrent la sensation d'avoir toujours été en nous. Toutefois, tout sublime a une descente et une fin, tout engouement laisse place à une certaine réalité plus modeste ; tout emballement se fait doubler par de plus fades instants. Ainsi se construit la recette du « soufflé philosophique » : prendre comme ingrédients des concepts – qui paraissent – simples de la philosophie antique tels que nous les avons parcourus. Comme récipient prendre un individu-du-commun dont le cerveau est obscurci depuis plusieurs années par un travail tout ce qu'il y a de plus classique, une famille des plus moyennes et des loisirs les plus banals allant de la télévision au sport en passant par quelques vacances. Mélanger le tout à l'aide d'un philosophe qui soit simplement capable d'extraire des passages éloquents des textes antiques, de mettre en perspective des propositions les unes avec les autres, de tenir un discours clair et cohérent, simplement en s'appuyant sur les textes déjà établis. En suivant scrupuleusement cette recette, vous avez de grandes chances d'obtenir un « soufflé philosophique » : un individu qui, le temps d'un texte, d'une conférence, d'une lecture, d'une analyse, d'une compréhension, se sentira philosophe. Il souhaitera mettre en œuvre les préceptes compris, il voudra que tout un chacun se convertisse à la philosophie, il se voit déjà prêt à démissionner de ses fonctions pour recouvrir la toge socratique, tombant presque dans le syndrome de Jérusalem.

L'euphorie philosophique

Ces attitudes totalement inoffensives pour les individus comme pour la philosophie ne sont pas condamnables, simplement, cela ne sert à rien, la philosophie ne les aide pas comme pourtant elle peut aider. Et c'est bien là le problème. Une fois passé le quart d'heure d'euphorie philosophique, la semaine ou le mois de passion philosophique, il ne reste plus rien. Chacun repart dans ses habitudes, dans ses travers aussi, dans ses réflexes naturels et l'acte philosophique est repoussé à l'infini.

Qu'y a-t-il comme meilleur moment que de philosopher à l'heure de la retraite ? Plus rien ne nous attend, aucune contrainte d'enfant ou de travail ? Peut-on trouver un moment plus propice que les vacances ? Le travail n'existe plus, nous sommes transportés dans un espace unique et singulier… Certes, Épicure le dit, on peut philosopher à tout âge, vieux ou jeune. Il n'empêche que si la philosophie est thérapeutique, comme Épicure le souligne, il s'agit de l'utiliser quand cela ne va pas, quand ça va mal, quand on en a besoin. Il ne s'agit donc pas d'aller philosopher quand tout va bien… Est-ce que l'on doit philosopher quand on a moins de soucis ? à la retraite ? pendant les vacances ? À l'évidence, c'est au contraire face aux difficultés les plus intenses que l'on se doit de philosopher. C'est dans le chaos du quotidien que la philosophie a un vrai rôle, c'est dans la complexité des journées, des relations, des hiérarchies, de l'environnement que la philosophie doit venir apporter son savoir, ses techniques et ses méthodes.

Le fantasme de la philosophie

On se trouve donc confronté, d'une part, à un engouement de la philosophie qui semble séduire, car elle permet de lever des difficultés de mieux vivre et, d'autre part, à un mépris de la philosophie que l'on ne prend pas soin d'apprendre, que l'on voudrait rapide, efficace, dans l'instant, utilisable naturellement. Il s'élabore ce que nous pouvons appeler un « fantasme de la philosophie ». C'est le père de famille en vacances, pendant que sa femme lit, les enfants jouent, le père, lui, près de la piscine en tongs… « philosophe »… Il est seul ou avec un semblable et discute de profonds sujets sur l'importance de la vie, de la mort, des choses nécessaires et non nécessaires, ce qui dépend de soi ou non… C'est la femme qui entame avec ses copines un échange aussi profond que convaincu sur l'importance relative du travail quand l'important semble être du temps pour soi ou ses enfants. C'est encore le jeune retraité qui se voit philosophant sur les bords du Nil avec sa femme en attendant de monter à bord d'une felouque le temps d'une courte croisière… Il est là, droit et fier, respirant le bon air chaud égyptien convaincu que le bonheur n'est pas loin. Que ses années de durs labeurs de petit cadre moyen ont finalement été salutaires pour aujourd'hui pouvoir être dans cette situation de retraité-vacancier-philosophe.

C'est bien de fantasme dont nous parlons car ces situations sont bien éloignées de la réalité philosophique à plusieurs niveaux. Le premier est que si l'on souhaite une réelle action de la philosophie sur son mode d'être, sur son mode de vie, ce n'est pas sur une vie éphémère de vacances qu'elle peut prendre pied, c'est sur la vie réelle, celle du quotidien. De plus, la philosophie dans ses fantasmes, ce n'est pas une philosophie en actes, mais une philosophie de salon, de discours, enrubannée de superficialité. Par ailleurs, et c'est là le point crucial, philosopher relève au sens propre de l'ascèse. La philosophie est un combat permanent avec soi-même. Ce qui fait gagner le combat, c'est l'exigence, la volonté, la persévérance et l'endurance. La philosophie, y compris chez les Anciens, est d'une complexité à peine imaginable aux premières lectures. Ce n'était pas simplement ouvrir des écoles, avoir des disciples, des scribes, des lieux dédiés pour simplement réciter les quelques propositions que nous avons étudiées. Si tous ces attributs existaient dans chacune des écoles, il y avait aussi et surtout exigence et rigueur de la part des apprenants comme de celui qui enseignait. La volonté des disciples devait et doit être hors norme car philosopher, c'est d'abord renoncer. Apprendre à philosopher, c'est renoncer à certains types de vie, c'est renoncer au mondain, c'est renoncer à la superficialité, c'est renoncer à la norme dans laquelle on se couche pourtant si facilement. Il faut faire preuve d'une volonté farouche pour philosopher, une volonté qui relève de celle du sportif de haut niveau, ou encore du moine, etc. L'ascèse réclamée par la philosophie demande persévérance et endurance car la difficulté des textes, l'abondance de traductions et d'interprétations et la multiplicité des auteurs nécessitent du temps pour s'y consacrer avec rigueur. Cela réclame un engagement profond et convaincu, relevant presque du sacerdoce. Les Anciens parlaient déjà de la conversion à la philosophie, c'est exactement cela, commencer à philosopher, c'est commencer à se convertir. C'est la conversion au sens de la transformation complète de son moi d'un état à un autre. Nous ne sommes plus le même après la conversion qu'avant ; la philosophie bouleverse complètement le cours de la vie, de la perception, des attitudes, des comportements, des pensées et des actes.

La mise en méditation, deux voies

L'exigence, la volonté, la persévérance et l'endurance ne seraient toutefois que peu de chose si tous ces attributs n'étaient pas, à l'occasion d'une mise en œuvre, d'une mise en actes, articulés par la méditation. Pour synthétiser, nous pourrions dire que la méditation philosophique relève de deux axes : elle est la mise en pensée des théories en vue d'un passage à l'acte, ou bien la mise en perspective d'actes réalisés dans la pensée.

Première voie : la mise en pensée des théories en vue d'un passage à l'acte. Ce qu'il faut entendre ici, c'est la réflexion préalable à l'action. Il s'agit, à l'occasion d'actes connus qu'il faut réaliser ou de potentielles actions à mener, d'anticiper son comportement à venir en fonction de la façon dont nous voulons qu'il soit. Autrement dit, la méditation précède l'action. Une action qui peut avoir lieu dans les prochaines minutes comme dans les prochaines heures, les prochains jours, les prochaines semaines, etc. La question méditative préalable est donc : comment est-ce que je veux me comporter face à cette action qui est en passe d'advenir ? En permanence, nous prenons des décisions, simples ou complexes, engageantes ou légères. En permanence, nous nous mouvons dans des relations sociales, des échanges, des conversations, des travaux, des réflexions communes. La plupart du temps, ceux-ci se déroulent bien et l'organisation d'une discussion, d'un échange formel ou informel se déroule de façon consensuelle et constructive. Néanmoins, une partie non négligeable de nos échanges relationnels n'est pas nécessairement aussi harmonieuse qu'on le souhaiterait. Cela tient au simple fait que les enjeux entre les différents impétrants ne sont pas identiques. Un dialogue avec ses enfants, ses parents, ses collègues, ses voisins peut se tendre, se durcir, générer des conflits. Pendant le conflit, nos esprits s'échauffent, l'énervement s'élève et la raison disparaît peu à peu, laissant place à un comportement, à des mots que nous ne souhaitons pas, que nous pouvons regretter.

Il est parfois possible d'anticiper ces conflits, parfois non. Ce que la méditation préalable permet, c'est d'anticiper notre comportement afin de ne pas se laisser entraîner dans un conflit que nous ne souhaitons pas, ou plus exactement ne pas être atteints par le conflit qui se joue, ne pas se laisser dépasser par les événements. En tant que salarié d'une entreprise, lorsqu'une augmentation n'est pas accordée, faut-il s'énerver ? Faut-il en vouloir à son supérieur hiérarchique ? Faut-il critiquer l'entreprise ? Faut-il dénoncer une injustice vis-à-vis de ceux qui en ont une ? Autrement dit, faut-il générer un conflit dans le but d'obtenir une augmentation certainement légitime ? Tout individu peut spontanément préparer du mieux possible son dossier en montrant les faits, les objectifs atteints, les bons résultats, etc. Il peut comparer les salaires avec ses collègues, avec les rémunérations moyennes du marché, il peut menacer de démissionner, souligner sa démotivation, etc. Il peut aussi se préparer en considérant d'autres aspects : est-ce qu'il dépend de moi ou non d'avoir cette augmentation ? Non, alors pourquoi dois-je en plus souffrir de l'énervement ? De quoi ai-je besoin pour vivre ? De nourriture, d'un toit, de vêtements, est-ce que j'ai besoin de « plus » ? Que serait ce « plus » ? Un vêtement de marque ? Un bien matériel dont l'utilité est relative ? Est-ce que l'augmentation va réellement me procurer un bonheur supplémentaire ? Un plaisir durable ? Ou au contraire un plaisir éphémère qui ne sera qu'un palier pour accéder à un autre d'ici quelques mois ? Obtenir une augmentation ne risque-t-il pas de générer d'autres ennuis ? Plus d'exigences de la part du chef, augmentation des heures de travail, pression accrue, etc. Et ainsi finalement à quoi servirait cette augmentation fondamentalement ? Est-ce que les effets, les causes et conséquences sont bien mesurés ? Cette deuxième série de questions relève profondément de la méditation philosophique préalable à l'action. On va s'interroger avant d'agir sur les conséquences de notre action à venir.

Imaginons un instant que chacun d'entre nous, avant d'accomplir une action, use de ces questions méditatives philosophiques. Il y aurait probablement un bouleversement dans les relations interpersonnelles et des conséquences sur l'environnement au sens très large. Songeons aux créateurs de produits financiers à l'origine des crises, se sont-ils posé ce genre d'interrogations au préalable ou ont-ils négligé toute méditation, ne pensant qu'à l'action et à l'appât du gain à court terme… sans se préoccuper des réels besoins, sans se préoccuper de ce qui dépend de soi, de ce qui n'en dépend pas, de ce qu'est le plaisir, de ce qu'est l'évitement des déplaisirs, etc.

Deuxième voie : la mise en perspective d'actes réalisés. La méditation n'est pas ici préalable, mais *a posteriori*. Il s'agit d'une réflexion qui porte sur l'action déroulée, sur l'expérience passée et sur laquelle il s'agit de revenir, pas tant pour changer son cours que pour analyser ce qui s'est réellement joué, et d'apprendre pour une fois prochaine. Que ce soit clair, il ne s'agit aucunement d'une recherche de performance, de calcul ni de stratégie. C'est uniquement dans un souci de mieux être, de mieux vivre les situations, les obstacles, les difficultés telles qu'elles peuvent se présenter à nous. L'acte méditatif *a posteriori* va chercher la chronologie des événements, repenser l'attitude, les réflexes que nous avons eus : y a-t-il eu de l'énervement ? Y a-t-il eu une perte de la maîtrise de soi ? Y a-t-il eu du dénigrement de soi ou des autres ? Y a-t-il eu une mauvaise communication, un mauvais échange, etc. Tous ces éléments n'ont qu'un seul objectif : analyser les conséquences que cela peut avoir sur le moi profond, sur ma conscience, sur mon esprit, sur mon âme. Le fait d'avoir eu un comportement moral ou éthique peut certes faire partie de la méditation, mais ce n'est pas le premier enjeu, ni le plus important. Le véritable enjeu est de faire en sorte que les difficultés du débat, de l'échange, de la discussion, qui se sont déroulés soient pondérés, relativisés par la méditation et finalement deviennent anecdotiques afin qu'ils ne nous affectent pas.

Choisir de vivre implique un certain nombre de complexités, de difficultés permanentes. Cela passe par les petits moments pénibles qui vont de la tartine qui tombe du mauvais côté à l'enfant qui fait son troisième caprice en quelques minutes. C'est un simple accident de voiture sans gravité jusqu'à une empoignade entre collègues. C'est encore une rupture sentimentale ou, plus grave, un accident qui coûte la vie, une maladie grave, etc. Toutes les situations d'inégale importance peuvent être en partie anticipées, mais surtout être préparées avec la méditation préalable. Elles peuvent également être méditées *a posteriori* pour mieux en sortir, pour mieux les vivre. Aussi contrariant que ce soit, les ennuis quotidiens doivent être systématiquement replacés dans un système méditatif qui permettra de réellement en mesurer l'importance et de les évacuer au plus vite. Sans aller jusqu'aux positions stoïciennes qui soulignent que tout arrive conformément à l'ordre universel des choses et dès lors qu'il faut les accepter sans sourciller, il s'agit de réinterroger ce qui s'est passé aux prismes des questions philosophiques. Ce qui vient de se passer et qui m'affecte, en quoi cela dépend-il réellement de moi ? Ce qui vient d'arriver me permet-il d'éviter certains déplaisirs ? Ce que je visais et qui me contrarie était-il un bien naturel et nécessaire ?

L'engagement que l'on donne dans l'action, que l'on vit intensément est repensé dans la méditation *a posteriori*. Il s'agit de repousser l'engagement aveuglant pour au contraire se défaire de l'action et de l'expérience, prendre du recul dans ce qui nous brouille, pour avoir une vision plus claire et plus sereine. La pensée dans l'action est très complexe, nous nous énervons, nous perdons notre maî-trise, parfois nous crions, nous ne faisons plus face à ce qui se passe réellement, nous sommes littéralement écrasés par ce qui vient de se passer, aussi futile que cela puisse être. Se poser, réfléchir, méditer, interroger, questionner, s'isoler une fois l'action terminée permet de revenir à ses esprits à soi et de comprendre réellement l'importance et l'enjeu. En repositionnant l'expérience, la difficulté ou l'obstacle dans un ordre universel plus général, les choses paraissent bien moins importantes et parfois même tout à fait négligeables. La méditation *a posteriori* ne répare pas la voiture, ne fait pas raisonner votre enfant, ne rend pas votre collègue plus sympathique, ni ne rend la vie à quelqu'un de décédé. L'énervement et la colère non plus, le stress et l'angoisse encore moins, pas plus que les cris et les pleurs. La méditation permettra toutefois un retour paisible sur soi, un mieux vivre par la puissance de l'interrogation, sur ce qu'il y a d'important pour soi, d'une part, et ce sur quoi nous avons prise et ce sur quoi nous ne l'avons pas, d'autre part. Elle permettra de questionner un avenir depuis l'incident, de le purger et de ne pas rester enfermé dans le présent de l'action.

Que ce soit dans la méditation préalable ou dans la méditation *a posteriori* ce qui est visé, c'est une modification du comportement à l'endroit des actions que nous accomplissons. C'est une modification directe, avant l'action ou juste après. C'est aussi une modification indirecte, ce qui signifie qu'au fur et à mesure de la méditation l'individu devient naturellement prêt à certaines réactions, il devient disposé à accepter telle ou telle situation habituellement angoissante. C'est en quelque sorte l'acquisition d'un réflexe qui se met en place dans son comportement. À force de s'entraîner à moins s'énerver pour une situation donnée, nous finissons par ne plus jamais l'être lorsque la situation se présente. Il y a un Apprentissage de soi qui s'établit et on finit par se connaître, à la fois, dans nos réactions et nos habitudes. L'état absolument parfait est la méditation pendant l'action. Alors que l'on s'énerve, que l'on commence à ne plus se maîtriser, à perdre ses moyens, on arrive à se recentrer sur soi en plein milieu d'une action, d'une situation. On se met alors en posture d'une méditation immédiate pour désamorcer l'attitude ou le comportement que l'on souhaite supprimer.

La méditation philosophique est donc une méditation d'action. C'est une méditation tournée absolument vers l'action qu'elle soit mise en œuvre avant, pendant ou après l'action. En cela elle se différencie grandement des méditations religieuses, tournées vers l'harmonie, la compassion, le repos et l'extase. La méditation philosophique, elle, recherche un mieux vivre, comme les méditations religieuses, mais considère que le mieux vivre, le mieux être est pleinement dans la vie concrète, commune, qu'il faut l'acquérir. La méditation philosophique peut quitter le mondain, comme la méditation religieuse, mais c'est pour mieux y retourner. Il y a clairement un décollage, mais dans l'unique optique d'un atterrissage. L'exercice spirituel qui se noue avec la méditation philosophique est pleinement dans la vie de tous les jours. Cet exercice est tourné vers l'action, vers l'expérience, et sa mise en œuvre doit permettre de comprendre, de mieux vivre ce quotidien, qui est en quelque sorte son matériau. Ce matériau n'est pas immuable, l'exercice de la méditation philosophique permet une malléabilité du quotidien. L'exercice spirituel, la méditation philosophique sont les outils permettant cette malléabilité du quotidien.

La méditation philosophique, un travail sur soi

La méditation philosophique n'est pas une déclaration d'intention. C'est véritablement un travail sur soi en vue d'une amélioration essentiellement de soi à soi, même si cela peut influer sur les relations avec autrui. Nous avons vu comment cette méditation s'opère, par le biais des propositions des philosophes anciens qui, à l'occasion des exercices spirituels, indiquent les voies à suivre pour mieux vivre. Que ce soit les stoïciens, les cyniques, les épicuriens, tous cherchent des voies pour mieux vivre, et ce sont ces voies, ces propositions qu'il s'agit de méditer philosophiquement. Nous avons dû recouvrir à de nombreux aspects théoriques et les voies concrètes que nous avons essayé de souligner se sont concentrées sur les deux types de méditations possibles que sont la méditation préalable et la méditation *a posteriori*. Ce qui nous importe à présent de mettre en avant, c'est de déterminer à quels moments s'orchestre la méditation philosophique. Celle-ci s'opère dans la préméditation des maux, dans la préparation aux obstacles de la vie, aux soucis du destin : la maladie, la rupture, mais surtout la mort.

Partie II

La préméditation philosophique

« Philosopher, qu'est-ce ?
N'est-ce pas s'être préparé à tous les événements ? »
Épictète, *Entretiens*

« Philosopher, c'est apprendre à mourir[1] *»*, lance Montaigne en titre du chapitre XIX du premier livre de ses *Essais*. La mort est l'un des thèmes les plus fondamentaux de la réflexion philosophique depuis ses origines. Cette célèbre sentence de Montaigne vient tout droit de Socrate qui, dans le *Phédon* de Platon, annonce que les vrais philosophes sont ceux qui s'exercent à mourir, et qu'ils sont, de tous les hommes, ceux qui ont le moins peur de la mort[2]. Toute une lignée de philosophes considérera que la mort doit être omniprésente dans les pensées, les méditations, car seule la pensée de la mort permettra un apprivoisement de celle-ci et ainsi elle deviendra moins redoutée.

---

1. Montaigne, *Essais*, par Claude Pinaguaud, Arléa, 2002.
2. Platon, *Phédon*, trad. Monique Dixsaut, Garnier-Flammarion, 1999.

Cette position n'est toutefois pas une généralité car bon nombre de philosophes estiment au contraire que la mort étant inéluctable, il n'y a ni à s'en soucier ni à la méditer. C'est ce que suggère Spinoza dans son *Éthique* : « *Le philosophe ne pense à aucune chose moins qu'à la mort et sa philosophie est une méditation de la vie, non de la mort*[1]. » Épicure et l'école cynique tenaient déjà des propos similaires dans l'Antiquité. En conséquence la question reste posée, faut-il ou non méditer sur la mort ? Est-ce que cela apprend à moins la craindre ou, au contraire, une focalisation de la mort ne fera qu'accentuer la peur ? Faut-il passer du temps, de l'énergie, de la concentration sur ce qui arrivera immanquablement ?

Nous allons essayer de répondre à ces questions selon deux axes. Le premier – plus large que la question de la mort – est la préméditation des maux. Car à l'évidence il n'y a pas que la mort à redouter. La maladie, la rupture, l'échec, etc. sont des difficultés que tout un chacun redoute. Puis nous nous attarderons sur la question de la méditation de la mort en nous demandant si, finalement, la pensée de la mort n'est pas une voie, une pensée pour mieux vivre. Autrement dit, la méditation de la

---

1. Spinoza, *Éthique*, Garnier-Flammarion, 1993.

mort n'est-elle pas une clé pour un vivre mieux, un vivre sans crainte. En apprenant à mourir, apprenons-nous à vivre ? C'est l'interrogation qui nous guidera dans l'intérêt d'une méditation sur la mort.

Préméditer les maux

Praemeditatio malorum

Nous avons vu que la méditation philosophique sert notamment à effectuer une réflexion préalable à une action. En cela, la méditation sert à anticiper un comportement, à préparer une situation, aide à se conditionner face à un obstacle, une difficulté, de possibles ennuis. Parmi les méditations philosophiques, il y a naturellement celle de la mort. C'est se préparer à la mort pour s'y conformer, pour l'apprivoiser et ne pas la redouter, pour ne plus y penser, etc.

Les méditations qui préparent l'individu sont appelées dans la philosophie antique la « préméditation ». La préméditation n'est pas la préparation à la méditation, comme il serait possible de le comprendre. C'est déjà la méditation, une méditation spécifique destinée à préméditer les maux possibles, potentiels ainsi qu'ils peuvent advenir. La préméditation des maux – en latin *praemeditatio malorum* – émerge au sein de l'école stoïcienne tardive. Ce qui force les stoïciens à cette *praemeditatio malorum,* c'est la méfiance vis-à-vis de l'avenir, ce sont les risques que nous encourons en permanence. Il ne s'agit pas de pessimisme, mais d'une considération des champs possibles de l'avenir, qui, s'ils ne sont pas anticipés, peuvent d'autant plus nous affecter.

Cette *praemeditatio malorum* fait partie des éléments d'opposition avec les philosophes épicuriens. Pour ces derniers, l'avenir étant totalement incertain, nul besoin de s'en occuper, de le considérer avec attention. La préméditation des maux est donc pour eux totalement inutile, il ne fait aucun sens de passer du temps à méditer sur quelque chose dont la finalité est si incertaine. D'autre part, pour Épicure, cette préméditation revient à souffrir deux fois, une fois lorsque nous y pensons et une fois quand la difficulté survient. En conséquence, le malheur, il importe de s'y confronter quand il se présentera et non pas avant.

Il faut considérer la *praemeditatio malorum* comme un outil, comme une technique ou encore un manuel que l'on a sur soi et que l'on doit utiliser pour se prémunir. C'est encore un équipement qui permet à l'individu alors qu'il sera face à des difficultés, des soucis de n'être ni troublé ni affecté par ce qui arrive. Autrement dit, prévoir les maux à venir permet d'être moins « sous le choc » car celui-ci avait été anticipé. Sénèque le souligne ainsi : « *L'inattendu accable davantage, et leur étrangeté augmente le poids des infortunes : il n'est pas de mortel chez qui la surprise même n'ajoute au chagrin*[1]. » Sénèque est très clair, il s'agit de ne pas tomber sous le coup de la surprise qui ne ferait qu'ajouter à la peine, en désamorçant l'effet d'étonnement, « seule » la difficulté restera à surmonter.

De façon tout à fait concrète, cette préméditation va consister en l'imagination et la pensée de tout ce qu'il est possible d'advenir. De nos jours, cela consisterait à songer aux accidents, maladies, licenciements, ruptures, trahisons, mensonges, calomnies, escroqueries, vols, agressions, etc. Il faut se mettre en position d'imaginer et considérer que telle ou telle situation va se produire dans un avenir proche et certain. Ce doit être proche car il faut imaginer une préméditation des maux comme déjà en place, déjà là. Par exemple, il ne s'agit pas de considérer que l'on sera malade lorsque l'on sera âgé, c'est jeune aussi que l'on peut être malade.

Il n'est pas question de faire une simulation superficielle ou encore de considérer cela comme une éventualité, c'est une projection des plus fidèles qu'il s'agit de réaliser.

---

1. Sénèque, *Lettres à Lucilius*, trad. Marie-Ange Jourdan-Gueyer, Garnier-Flammarion, 1999.

Ainsi, explicite Foucault : « *On ne part pas du présent pour simuler l'avenir : on se donne tout l'avenir pour le simuler comme présent. C'est donc une annulation de l'avenir*[1]. » C'est à l'évidence un exercice, mais où l'incertitude et le calcul probabiliste n'ont pas leur place. Il faut faire avec le malheur qui arrivera, sous une forme ou sous une autre. S'y préparer ne signifie pas pour autant le repousser, c'est pour en quelque sorte l'accueillir de la meilleure façon qui soit le moment venu. Et ce moment ne prévient pas. Il survient avec fracas, l'accident n'est pas prévisible, il en est d'autant plus violent. Sénèque met en garde contre cette non-préparation où tout peut advenir car, souligne-t-il, « *une heure, un moment suffit à renverser un empire*[2] ». En un instant, tout peut basculer, tout peut être changé, et ces changements seront d'autant plus violents qu'ils ne sont pas préparés.

Nous comprenons donc bien que l'enjeu de cette préméditation des maux est le fait de se préparer aux difficultés à venir. Néanmoins, ce n'est pas le seul aspect. Dans cette préméditation une notion importante est également à considérer, celle de la relativité de la souffrance qui peut advenir. Ce qu'il faut comprendre ici, c'est que

---

1. Michel Foucault, *L'Herméneutique du sujet*, éditions Hautes Études, Gallimard-Seuil, 2001.
2. Sénèque, *Lettres à Lucilius, op. cit.*

chaque individu qui craint les maux possibles – l'accident, la maladie, la trahison, etc. – s'imagine des situations particulièrement violentes parfois uniquement par le fantasme lié à la peur. Quelqu'un qui redoute de prendre l'avion peut s'imaginer que, lors d'un crash, il va se retrouver dans une situation terrifiante, où il sera écrasé contre la paroi de l'avion, où il se verra chuter jusqu'à l'écrasement en entendant des cris atroces et en voyant sa vie défiler devant lui. Or la réalisation de cet exercice exécuté de façon précise devra souligner qu'un avion qui chute provoque nécessairement une dépressurisation qui, effectuée de façon violente, plonge instantanément dans le coma les passagers sans qu'ils s'en rendent compte. Un individu qui craint d'être licencié par son employeur peut certes être stressé par les conditions de l'annonce du licenciement. Toutefois, en imaginant la situation, il se met déjà en position de dépasser la situation, qui n'est pas catastrophique et qui n'est qu'un point de passage pour aller vers une autre situation professionnelle. S'imaginer être licencié, c'est s'imaginer sans emploi et c'est ce qui va angoisser. L'enjeu de la préméditation est justement de dépasser ce « sans emploi » pour s'ériger vers une recherche d'emploi, alors même que l'on n'est pas licencié… Sénèque réclame cette projection pour adéquatement réfléchir sur l'enjeu de la difficulté à venir : « *Quel que soit le mal, prends-en la mesure dans ta pensée, établis là-dessus le bilan de tes craintes : tu comprendrais certainement que ce qui te fait peur est sans importance et sans durée*[1]. » Ainsi, on finira par avoir un jugement différent d'avant la préméditation, on pourra comprendre que le danger est moins important que dans nos fantasmes, qu'il est finalement d'une importance relative ou encore que cette difficulté n'est qu'une question de temps et n'est pas éternelle, qu'il y a un « après ». Ainsi, la *praemeditatio malorum* n'est ni un fantasme, ni une superstition, ni une imagination, c'est une considération du futur veillant à annuler de mauvaises pensées de l'avenir par une méditation des plus réalistes.

Les stoïciens qui pratiquaient cette technique ne recherchaient pas à vivre les douleurs, mais cherchaient à se convaincre que ces maux n'existent finalement pas. Seul le regard que nous projetons fait envisager ces maux comme des difficultés. Cela corrobore tout à fait leur position d'accepter que les choses arrivent conformément à l'ordre universel. Cette *praemeditatio malorum* vient donc paradoxalement non pas créer un malheur ou une souffrance, mais évincer cette souffrance en l'envisageant de la façon la plus concrète possible.

---

1. *Idem.*

La question, évidente, que l'on peut se poser : est-ce que la *praemeditatio malorum* n'est pas tout simplement une pensée pessimiste ? À l'évidence non, le pessimisme est un état d'esprit dont la somme des maux est supérieure à celle des biens, la préméditation n'est pas du tout dans ce type de calcul. La *praemeditatio*, ce n'est ni se plaindre ni crier à l'injustice, c'est une technique de représentation du pire ainsi qu'il peut se présenter dans l'avenir, sans faire état des possibilités, des probabilités réelles qu'il advienne.

Cette position était tout à fait à l'opposé des préceptes de l'école épicurienne, nous l'avons dit. Les Anciens de ce courant bannissaient la proposition stoïcienne. Ils considéraient, eux, qu'il était préférable de méditer les plaisirs passés dans l'objectif de vivre le présent de façon plus plaisante. Ils évacuent les pensées d'un avenir sombre par la remémoration des plaisirs antérieurs.

Nous avons dit que la *praemeditatio* était essentiellement présente dans le stoïcisme tardif. Les Grecs anciens aussi s'inquiétaient des maux futurs. Ce qui les travaillait, c'est la *praeoccupatus*, « *l'esprit [qui] est finalement pré-absorbé par l'avenir*[1] ». C'est donc cette absorbante préoccupation qu'il s'agit de combattre.

---

1. Michel Foucault, *L'Herméneutique du sujet, op. cit.*

Le passé et sa remémoration jouent ici un rôle non négligeable. Que l'avenir préoccupe à l'avance est intimement lié au fait que la mémoire, le passé, les expériences vécues ont une valeur positive. L'avenir est vécu de façon ambivalente car qu'est-ce que l'avenir ? Est-ce le néant, le vide, la non-existence ? Il y a une incapacité à le caractériser et à le projeter. S'il y a préméditation de l'avenir, elle semble vaine, elle semble n'être qu'imagination, et, dès lors, on peut même critiquer cette posture où la maîtrise de soi disparaît complètement puisqu'on ne sait sur quoi se maîtriser.

Plutarque s'inscrit dans cette optique : « *Les insensés négligent avec insouciance les biens, fussent-ils présents, parce qu'ils sont sans cesse tendus par leurs préoccupations vers l'avenir, tandis que les gens sensés ont les biens qu'ils n'ont plus, grâce au souvenir, clairement à eux car le présent ne se laisse toucher que durant un très court laps de temps. Puis il échappe à la perception, et les insensés croient qu'il ne nous concerne plus et qu'il n'est plus à nous[1].* » Ici celui qui est tourné vers l'avenir est condamné par Plutarque. C'est un homme niant le présent, niant le réel, absent de la vie. Pour Plutarque, l'homme tourné exclusivement vers

___
1. Plutarque, *La Conscience tranquille*, trad. Mytos Gondicas, Arléa, 1996.

l'avenir nie le passé et le présent ; ainsi l'avenir ne peut être qu'hypothétique, complètement dénué de réalisme. Plutarque considère que seule une articulation homogène et cohérente entre le passé, le présent et l'avenir est à mettre en œuvre, c'est la synthèse des trois qui permet une pensée saine. Sénèque adhère parfois à ces positions : *« L'avenir nous tient par l'espérance, le passé nous tient par le souvenir. Mais l'un est encore en suspens, et il peut très bien ne pas être, tandis que l'autre ne peut pas ne pas avoir été. Quelle folie de laisser échapper la possession la mieux assurée*[1] *! »* Il y a ici une ode au passé. Sénèque reconnaît que la mémoire n'est pas à négliger, au contraire. Elle est fondamentale pour saisir le passé, seule forme de réalité effective. Le passé est une dimension cruciale pour comprendre le présent et anticiper l'avenir.

Ainsi, la préméditation des maux est une posture complexe. Ce n'est pas un pessimisme, ce n'est pas une pensée négative. C'est une préparation presque psychologique préparant à vivre mieux les possibles maux à venir. En les préparant, s'ils arrivent, d'une part, nous n'avons pas la douleur de la surprise et, d'autre part, nous pouvons les relativiser et dès lors moins les craindre.

---

1. Sénèque, *Lettres à Lucilius, op. cit.*

Parmi les préméditations, il y a les différentes difficultés, les maux que nous avons énumérés, mais à l'évidence l'ensemble des pensées est irrigué par la préméditation de la mort. Ultime expérience de chaque individu, la mort a toujours été l'un des axes centraux des pensées philosophiques quels que soient les écoles et les courants. Plusieurs positions existent face à la mort et à sa pensée, plusieurs écoles théorisent sur la façon de se comporter face à l'inéluctable. C'est sur cette méditation de la mort que nous allons nous arrêter.

S'exercer à méditer la mort

Face à la mort

Notre *tuk-tuk* ralentit à l'approche d'un virage, le conducteur d'un même engin fait signe à notre chauffeur de s'arrêter ; il s'adresse à lui en un langage qui nous est étranger. Après quelques secondes d'hésitation, le chauffeur redémarre son moteur et décide visiblement de poursuivre la route prévue. Après quelques centaines de mètres, il ralentit et se met à rouler sur le bas-côté de la route, contournant ainsi un petit attroupement qui se constitue sur la route bosselée. En s'avançant près de la foule, nous comprenons qu'un accident vient d'avoir lieu. Il n'est pas difficile alors de distinguer un corps, allongé sur la chaussée, le visage recouvert d'un chapeau.

Il semble évident que le corps est sans vie. Le pourtour de son crâne est auréolé d'une petite nappe de sang d'un rouge vif. En ce mois d'été, la chaleur de la route et du soleil devrait faire sécher ce liquide en quelques minutes à peine.

Le chauffeur du *tuk-tuk* ralentit au point d'être au pas quand il doit contourner le corps de un ou deux mètres maximum, cherchant dans le même temps à se frayer un passage dans la petite foule qui observe le spectacle. On se demande souvent pourquoi il y a des individus toujours prêts à regarder les accidents, ils ralentissent sur une route, s'arrêtent dans un lieu public, penchent la tête pour mieux voir… Lucrèce s'était interrogé sur ces phénomènes humains et avait décrit ces expériences de voyeurisme alors que les gens non loin de chez lui s'empressaient de voir les bateaux qui, parfois, au large, pouvaient être en train de couler. Il en avait conclu que les regardeurs « *trouvent doux les maux auxquels ils échappent*[1] ». C'est autrement dit, à la vue de la souffrance des autres que finalement nous avons un peu de baume au cœur. C'est sur la difficulté des autres que consciemment ou inconsciemment nous nous soulageons, que nous retrouvons un peu de calme et de douceur.

---

1. Lucrèce, *De la nature*, Garnier-Flammarion, 1999.

La foule autour du corps est singulièrement décontractée, même souriante, plus exactement rigolarde quant elle aperçoit certains des miens se cachant les yeux pour ne pas voir plus qu'ils n'ont déjà trop vu, un cadavre gisant, baignant dans son sang.

Si la méditation de la mort est un exercice fréquent chez les philosophes, la présence même de la mort reste, à notre époque, dans notre monde occidental, un phénomène rare et dès lors troublant pour ne pas dire bouleversant pour d'autres cultures. Le flux incessant des pensées après la vision de ce cadavre nous porte essentiellement sur l'avant-mort de ce jeune Cambodgien. Qu'a-t-il pu bien vivre avant que sa mobylette n'heurte un *tuk-tuk* ? Qu'avait-il fait le matin même ? Qu'avait-il fait en début d'après-midi quelques heures avant que sa vie ne s'arrête ? Rien. Plus exactement rien de particulier, rien certainement d'extraordinaire, rien qui ne pouvait lui laisser croire que sa vie allait être écourtée quelques heures plus tard. L'accident ayant eu lieu tout proche des sites anciens d'Angkor, il y a tout lieu de supposer qu'il y travaillait comme guide, comme serveur, comme vendeur. Ce qui l'avait fait vivre – le tourisme – l'avait vraisemblablement tué – le *tuk-tuk* pour touristes. On pourrait regretter de mourir en plein travail, presque en forme d'esclave pour touristes. Y a-t-il une préférence à mourir dans un hôpital grabataire ou en phase terminale d'une longue et douloureuse maladie ? En mourant en plein travail nous préférons songer à Ovide qui réclamait : « *Je veux que la mort me surprenne en plein ouvrage*[1] » ou encore à Montaigne qui souhaitait que la mort le trouve en plantant ses choux dans son jardin[2].

Au-delà de saluer l'âme de ce jeune Cambodgien, cette histoire n'aurait que peu d'intérêt, une simple ligne dans un récit de voyage. Toutefois cette confrontation directe autant qu'imprévue dans la légèreté de quelques jours de vacances rappelle en quoi et pourquoi la préméditation de la mort se doit, pour la philosophie, d'être omniprésente. La mort est ici et maintenant pour tous les philosophes, elle hante l'esprit comme la vie. Que peut la philosophie face à l'inéluctable ?

L'exercice spirituel de la mort

Le fait de mourir, qu'autour de nous – avant notre tour – nous voyons mourir a certainement été l'un des éléments déclencheurs qui ont fait naître dans l'esprit des premiers penseurs le questionnement philosophique. Toutes les écoles philosophiques sans exception, de façon plus ou

---

1. Ovide, *Les Métamorphoses*, trad. Jospeh Chamonard, Flammarion, 1993.
2. Montaigne, *Essais, op. cit.*

moins prononcée, s'intéressent à la mort. Pour Platon, elle est un sujet important de méditation[1], même chose pour les premiers pythagoriciens[2]. Pour ces derniers, la mort est l'événement auquel il faut se préparer toute sa vie.

C'est cette angoisse de la disparition, de l'inconnu, du néant, du vide, de l'absence définitive qui va provoquer le questionnement à l'endroit de la mort. Ainsi Lucrèce souligne que cette crainte de la mort est justement à la base de toutes les passions, celles qui rendent les hommes malheureux[3]. La proposition des philosophes sera d'une façon ou d'une autre de désamorcer cette crainte aussi naturelle que profonde. Les pensées sont aussi variées qu'extrêmes : pour certains courants, il s'agira de méditer profondément la mort, le plus possible, de l'avoir en permanence devant les yeux. Cela afin de s'y habituer, de la considérer comme si proche de nous qu'elle devient apprivoisée, presque amie et qu'il n'y a donc pas à la craindre. Pour d'autres courants, au contraire, la mort est l'objet à bannir de toute pensée. L'inéluctabilité de la mort rend tout propos stérile. À quoi bon penser en effet à la mort alors que celle-ci adviendra quoi qu'il puisse se

---

1. Platon, *Phédon, op. cit.*
2. Jean-Pierre Vernant, *Mythe et pensée chez les Grecs*, La Découverte, 2005.
3. Lucrèce, *De la nature, op. cit.*

passer, quoi que l'on puisse vouloir ou penser ? Tout propos est forcément inutile et dénué de sens sur ce sujet. Toutefois, dans un cas comme dans l'autre, chez les stoïciens comme chez les épicuriens, la mort n'est pas à craindre, elle est à apprivoiser ou à mépriser, mais dans un même objectif de supprimer la peur de la mort.

Melête thanatou

La *melête thanatou*, la réflexion préalable sur la mort, est très proche de la notion de la *praemeditatio malorum*, plus générale sur les maux. D'ailleurs, la *praemeditatio malorum* est également pour Sénèque une véritable préparation à la mort. Quand il s'agit de méditer sur cette préparation, il fait une métaphore devenue célèbre avec la journée et le cycle de la vie[1]. Ainsi, le matin a trait à l'enfance, à son développement, à son éducation, à sa croissance, c'est le début de la vie. Le midi est le moment de la maturité, le moment où l'on atteint une plénitude de l'âge dans sa façon d'être, son attitude, sa façon de regarder et d'analyser le monde. Enfin, le dernier moment, le soir, est celui de la vieillesse. C'est le moment où le départ est proche, c'est le soir de sa vie ; et rien n'arrête la programmation du départ. Songer à la mort,

---

1. Sénèque, *Lettres à Lucilius, op. cit.*

c'est songer aussi à ces étapes de la vie. Il y a une forme de cercle, de cycle, c'est celui auquel on doit songer toute sa vie pour se préparer du mieux possible non pas à la « souffrance » qu'est la mort, mais à l'aspect naturel de devoir quitter le monde terrestre pour atteindre le stade ultime.

La *melête thanatou* est une pratique dont l'objectif est, d'une part, de rendre la mort présente à soi alors que l'on est vivant et, d'autre part, de faire en sorte de considérer le jour que l'on vit comme le tout dernier.

L'école stoïcienne est particulièrement proche de cette pratique de la *melête thanatou* étant donné l'importance qu'elle donne à la mort : il faut la méditer et la considérer avec une attention particulière pour s'y préparer avec soin. Ici, la méditation de la mort consiste en la séparation de son corps, de ses sens, de son âme en cherchant à véritablement s'exercer à la mort. On tue sa propre personnalité, son individualité. Tout disparaît : passions, désirs, amour, colère, haine, etc. Plus rien n'existe puisque tout disparaît, tout est « tué ». L'autre pan de la philosophie stoïcienne à propos de la mort est de toujours la considérer comme présente, comme proche. Elle est inéluctable certes, mais pas nécessairement à la fin de la vie. C'est à tout moment qu'elle peut se présenter, c'est donc à tout moment qu'il faut y songer, l'avoir en tête. Il faut l'avoir en permanence devant les yeux, la regarder en face.

L'inéluctabilité de la mort est ce pourquoi Marc Aurèle suggère que l'on vive chacune de ses journées comme si c'était la dernière, comme si la mort allait survenir à l'occasion de cette journée. Cet exercice spirituel est le plus hautement considéré par Marc Aurèle : « *La perfection morale, comporte qu'on passe chaque journée comme si c'était la dernière*[1]. » Il y a un entraînement, un exercice à la mort. Malheureusement pour Marc Aurèle, il put véritablement mettre en pratique cet exercice à l'occasion de la mort de ses enfants dont l'une d'entre elles l'accabla pendant de nombreuses années. Toutefois, alors que la tristesse l'abattait, il n'hésitait pas à rappeler aux autres ainsi qu'à lui-même qu'il avait toujours su que sa femme et lui avaient engendré un mortel.

Dans le même esprit, Horace explicite : « *Persuade-toi que chaque jour nouveau qui se lève sera pour toi le dernier. C'est alors avec gratitude que tu recevras chaque heure inespérée. Recevoir en reconnaissant toute sa valeur chaque moment du temps qui vient s'ajouter comme s'il arrivait par une chance incroyable*[2]. » Si Horace reste tout à fait dans le

---

1. Marc Aurèle, *Pensées, op. cit.*
2. Horace, *Epître*, Les Belles Lettres, 2003.

principe de Marc Aurèle, toutefois il cherche à vivre pleinement le moment qui se donne à l'individu. Il s'agit pour lui véritablement d'être dans le *carpe diem*, c'est-à-dire de profiter de chaque moment présent de la façon la plus intense possible, car on ne sait de quoi l'avenir sera fait, si avenir il y a.

La mort qu'il faut avoir devant les yeux est illustrée par une métaphore d'Épictète. Il faut imaginer notre existence comme un long voyage qui se ferait en bateau, débutant avant la naissance et finissant bien après la mort[1]. Lors de cette longue navigation, nous faisons escale sur une plage ; c'est l'occasion de nous promener, de ramasser des coquillages, des branchages, de petits objets de la nature, etc. Cependant, pour Épictète lorsqu'on est préoccupé à vagabonder et à amasser ce que nous trouvons, il faut toujours garder à l'esprit le navire et l'observer du coin de l'œil car le capitaine peut sonner le départ à tout instant. Dès lors que l'appel est entendu, il est alors temps de laisser sur la plage toute chose ramassée et de rejoindre au plus vite le bateau. Il ne faut rien prendre avec soi, ne rien attendre de ce que l'on amasse, car cela ne sert plus à rien.

---

1. Épictète, *Manuel*, VII, trad. É. Bréhier, Gallimard, « Bibliothèque de la Pléiade », 1962.

C'est la même attitude qu'il faut adopter face à la mort. La mort, sans prévenir, peut nous appeler. On se doit dès lors de laisser tout ce que l'on a amassé dans notre vie : famille, femme, enfants, biens en tout genre. La mort, nous nous y rendons totalement dépossédés, nous y allons totalement seuls. Sans se retourner, il faut rejoindre le grand navire, monter à bord pour la suite du voyage. Sans se retourner, sans penser à la tristesse de laisser quelque chose derrière soi, car tout cela était prévu à l'avance, dès le départ. Cette métaphore permet également de montrer en quoi il s'agit de ne s'attacher à rien d'autre qu'à soi-même. Tout ce qui est extérieur à soi est fragile et éphémère, nous ne les possédons véritablement jamais. Rien de ce que nous construisons demeure, sauf la construction de soi qui permet une fabrication d'un état d'être qui peut nous être salutaire au moment de l'appel du capitaine.

Bien avant le stoïcisme tardif d'Épictète et de Marc Aurèle, Platon s'exerçait à cette pratique de la mort. D'ailleurs, la philosophie elle-même n'est pour Platon rien d'autre qu'un exercice de la mort[1]. La mise en œuvre de cette pratique permet selon lui de modifier sa propre perspective du monde tel qu'il se présente. Nous avons

---

1. Platon, *Phédon, op. cit.*

spontanément une vision du monde irréfléchie ; se projeter dans l'exercice de la mort permet de passer à une vision différente de celle de « vivant ». Nous accédons à un autre paradigme que celui auquel nous sommes habitués, et par conséquent la vie réelle est autrement vécue.

Se convaincre de la mort

La méditation de la mort chez Épicure est paradoxale. Pour lui, il n'est pas question d'y songer puisqu'elle est inéluctable, alors à quoi bon discourir. D'un autre côté, il y consacre beaucoup de réflexions, d'arguments, de pensées. Il s'agit notamment de déconstruire la mort ; pour cela, Épicure use de ses avancées sur les atomes. Pour Épicure, tout ce qui est se compose d'atomes indivisibles. La mort est une modification des atomes, une modification morphologique des éléments qui nous composent. La mort est une décomposition qui s'opère dans les structures et les agencements des atomes, mais, explique-t-il, c'est tout ! Rien de plus que ces changements d'état et il n'y a pas à s'occuper plus que de raison de ces modifications de structures.

Pour les épicuriens, la mort nous est totalement inconnue et le restera, y compris après notre mort. Par un jeu de rhétorique, Épicure précise que la mort n'existe pas, car à l'évidence elle n'est pas là. Certes, nous pouvons en parler, nous pouvons spéculer dessus, mais dans quel but puisque nous ne la connaissons pas. La mort n'existe pas puisque nous sommes vivants, puisque nous sommes dans l'existence. Nous n'avons qu'une interprétation de la mort à travers la disparition et l'absence d'autrui, mais, en soi, la mort est un vaste néant de notre vivant. Même chose alors que l'on est mort… qu'est-ce que ce concept de la mort une fois que nous avons disparu ? À quoi bon spéculer sur ce qui est passé ? Sur ce qui n'est plus puisque nous sommes dans un autre état – que nous ne savons définir. Ainsi, le concept de la mort est dénué de sens pour les épicuriens. Cette notion de mort n'existe que sous forme de fantasmes, d'imaginations ou d'erreurs ; elle n'existe pas sous la forme d'une réalité aussi bien présente que future. Dans la *Lettre à Ménécée*, Épicure résume ainsi sa position envers son disciple : « *Accoutume-toi à penser que la mort avec nous n'a aucun rapport ; car tout bien et tout mal résident dans la sensation : or, la mort est privation de sensation. Il s'ensuit qu'une connaissance correcte du fait que la mort avec nous n'a aucun rapport permet de jouir du caractère mortel de la vie, puisqu'elle ne lui impose pas un temps inaccessible, mais au contraire retire le désir de l'immortalité. Car il n'y a rien à redouter, dans le fait de vivre, pour qui a authentiquement compris qu'il n'y a rien à redouter dans le fait de ne pas vivre. Si bien qu'il est sot celui qui dit craindre la mort, non parce qu'elle l'affligera lors-qu'elle sera là, mais parce qu'elle l'afflige à l'idée qu'elle sera là. Car la mort qui, une fois là, ne nous cause pas d'embarras, provoque une affliction vide lorsqu'on l'attend. Le plus terri-fiant des maux, la mort, n'a donc aucun rapport avec nous, puisque précisément, tant que nous sommes, la mort n'est pas là, et une fois que la mort est là, alors nous ne sommes plus. Ainsi, elle n'a de rapport ni avec les vivants ni avec les morts puisque pour les uns elle n'est pas, tandis que les autres ne sont plus[1]. »*

Le cynique Diogène de Sinope avait à peu près la même position qu'Épicure. Ainsi, pour lui, la mort n'est ni un bien ni un mal, car nous n'avons pas la conscience de pou-voir la juger. Comment la juger quand nous sommes vivants, sous quels critères et sous quelles formes ? D'autre part, comment la juger une fois morts puisque nous n'avons plus la conscience que nous avions alors que nous étions encore en vie. Le façon de mourir est importante chez les philosophes antiques. C'est toujours l'occasion de transmettre un dernier message. Diogène n'échappe pas à la règle et plusieurs anecdotes existent sur la façon dont il serait mort. Selon certains de ses disciples, il aurait choisi de se suicider, une fois âgé, en arrêtant de lui-même sa

---

1. Épicure, *Lettres, Maximes, sentences. op. cit.*

respiration. Ses disciples l'auraient retrouvé inanimé un matin enroulé dans son vieux manteau.

Méditer la mort… pour mieux vivre

Si les pensées des stoïciens, des épicuriens et des cyniques divergent face à la mort, tous cependant admettent qu'elle permet de prendre une hauteur de vue sur la vie, les choses, les moments importants, ceux qui le sont moins. Cela permet de relativiser cette peur que l'on a du dernier instant, de l'inéluctable.

La position d'Épicure est très séduisante, ne jamais penser à la mort, ne jamais la considérer, faire en sorte qu'elle ne soit pas là. Il n'empêche qu'il y a une sorte de « mauvaise foi », car si ce n'est pas la mort qui existe, c'est l'absence, la disparition, c'est l'oubli, c'est l'inconnu, c'est encore le vide. La proposition stoïcienne consistant à apprivoiser la mort paraît la plus séduisante car la plus réaliste. Apprendre à ne pas avoir peur d'elle, apprendre à la considérer comme un événement de la vie parmi d'autres, apprendre à vivre avec.

Par ailleurs, la méditation de la mort permet de s'interroger sur soi, de se regarder, d'observer la vie en cours, celle que nous sommes en train de mener. S'interroger sur cette période : que se passerait-il si je disparaissais maintenant ? De quoi aurais-je suffisamment profité ?

Quels regrets et quels remords ? Qu'est-ce qui aujourd'hui fait que je peux mourir sereinement ou au contraire me contrarierait si je devais me retrouver à la porte de la mort ? Il y a une épreuve de soi sur la vie que l'on est en train de mener. Sénèque précise qu'il faut s'interroger « *sur le progrès moral que j'ai pu faire au cours de ma vie, je n'en croirai que la mort. J'attends le jour où je me ferai juge de moi-même et connaîtrai si j'ai la vertu sur les lèvres ou dans le cœur [...] Si tu as perdu ta peine, on le verra quand tu perdras ta vie*[1] ».

Ainsi, dans *L'Herméneutique du sujet*, Michel Foucault souligne : « *Ce qui fait la valeur particulière de la méditation sur la mort* [chez les stoïciens] *ce n'est pas seulement qu'elle anticipe sur ce que l'opinion représente en général comme le malheur le plus grand, ce n'est pas seulement qu'elle permet de se convaincre que la mort n'est pas un mal ; elle offre la possibilité de jeter, pour ainsi dire par anticipation, un regard rétrospectif sur sa vie. En se considérant soi-même comme sur le point de mourir, on peut juger chacune des actions qu'on est en train de commettre dans sa valeur propre*[2]. » Plus loin, Foucault précise que Sénèque a toujours envisagé « *le moment de la mort comme celui où on*

---

1. Sénèque, *Lettres à Lucilius*, *op. cit.*
2. Michel Foucault, *L'Herméneutique du sujet*, *op. cit.*

pourrait en quelque sorte se faire juge de soi-même et mesurer le progrès moral qu'on aura accompli jusqu'à son dernier jour[1] ».

En méditant la mort, nous jetons donc un regard sur la vie, un regard sur là où nous en sommes. Ce n'est donc pas uniquement une préméditation de la fin de la vie possible, dans un délai court, ni de la considération du destin qu'il s'agit de prendre avec détachement, c'est aussi avoir l'occasion d'une valorisation de soi, c'est une façon de prendre soin de soi, que la mort ne survienne que dans plusieurs dizaines d'années où qu'elle advienne dans un délai plus court. Sénèque, considérant que la mort peut surgir à chaque instant, conseille au moment d'aller se coucher de systématiquement se dire que l'on a vécu, et que cela est en soi déjà une bonne chose : « *Au moment d'aller dormir, disons avec allégresse, le visage riant : J'ai vécu*[2]. » Cela montre comme chez Horace la puissance, la chance, l'opportunité d'avoir été pleinement dans l'existence le temps d'une heure, d'une journée, d'un moment. Avoir vécu, c'est avoir profité de la vie, c'est avoir bénéficié de ce que l'environnement offre, c'est avoir pleinement existé en faisant ce que l'on aime, en faisant ce que

---

1. *Idem.*
2. Sénèque, *Lettres à Lucilius, op. cit.*

l'on voulait. Ne pas avoir vécu signifie *a contrario* que l'on n'a pas été pleinement dans l'existence. Que la vie du moment passé a été morne, triste. La vie non vécue ne mérite pas d'être vécue, considère Sénèque. C'est parce que la mort est présente que chaque instant de la vie doit être plein et entier. C'est par fierté de pouvoir dire « j'ai vécu » le soir en se couchant que la vie doit être vécue de manière pleine.

Méditer la mort, religion ou philosophie ?

La préméditation de la mort, c'est avoir conscience à la fois que le salut est en soi et qu'il n'est possible que par soi. C'est une forme de confiance en soi, une forme de reconnaissance que les solutions d'un mieux vivre ne peuvent venir que de nous, c'est-à-dire ni d'une transcendance ni d'un dieu.

Nous l'avons dit, toutes les philosophies s'interrogent sur la mort, c'est même le point de départ de nombreux courants. C'est le même questionnement que soulèvent de leur côté les religions ; comment être sauvé de cette peur de la mort ? Du côté des religions, c'est grâce à Dieu et en ayant la foi que l'on évite cette peur de la mort, grâce à autrui, alors que dans la philosophie, c'est de soi-même que vient son propre salut.

Oser préméditer la mort, c'est se confronter soi-même à la mort, ce qui n'est pas le cas dans la religion. Dans le christianisme, par exemple – mais la promesse d'une vie sous une forme ou sous une autre est universelle dans les religions –, la méditation de la mort, c'est la rencontre avec la résurrection, c'est la rencontre avec Dieu, but de tout chrétien. Méditer la mort, c'est méditer l'après-mort, c'est-à-dire l'accueil par Dieu. Ainsi, la mort pour les chrétiens n'est pas à redouter et lorsque l'on médite sur ce thème, ce n'est pas dans l'objectif de soulever une crainte, car la rencontre avec Dieu est même un profond désir. La rencontre avec Dieu est l'aboutissement de la vie, ce n'est pas la mort. Tout cela a de sérieuses limites et la rhétorique ne trompe que ceux qui veulent être trompés. D'ailleurs, si les discours du christianisme parlent d'une pleine joie de retrouver le Seigneur, les enterrements sont pourtant rarement des lieux de fêtes. Dès son origine, le christianisme a nécessairement dû avoir un discours fort, prometteur, engageant. Il fallait bien avoir une promesse considérablement singulière et radicale pour être entendu lorsque l'évangélisation a commencé. Et quoi de mieux pour être entendu que la promesse d'une vie après la mort ?!

Ce que nous cherchons à souligner n'est pas une préférence de la méditation philosophique à la méditation religieuse, ce qui nous importe, c'est montrer en quoi la méditation philosophique est une méditation de l'individu sur lui-même. C'est l'individu qui, confronté à ses problèmes, va en lui-même venir chercher des solutions, des propositions, des hypothèses, des axes de salut. La méditation philosophique est un hommage à l'intelligence et à la raison de l'Homme, à son esprit, qui est capable d'entraver les grandes questions pour venir élaborer une réponse qui lui est propre. Ce n'est certainement pas la voie la plus simple, et se rassurer d'une vie après la mort, se rassurer d'un Dieu bienveillant qui nous accueille est bien plus simple et préférable pour quiconque veut se rassurer et ne plus craindre la mort. Mais ce n'est pas une position philosophique, ce n'est pas une position de développement de soi, et le mieux vivre est très relatif puisqu'il est conditionné par un diktat transcendant et non par une liberté individuelle.

La mort apprivoisée par Montaigne

Michel de Montaigne adopte la posture stoïcienne de la mort qui est à apprivoiser. C'est pourquoi il passe de nombreux moments à la contempler, il s'exerce à mourir, il s'entraîne à se voir mourir. Montaigne réclame d'avoir la mort présente en permanence à l'esprit, qu'elle hante nos pensées en la représentant sous toutes ses formes, en l'imaginant proche. Pour souligner cette dimension, Montaigne aime à citer un rituel qui avait lieu dans l'Égypte antique. À l'occasion de festins, de fêtes, de frasques royales, il était de bon ton de partager de grands vins, de copieux repas. Quand les convives festoyaient dans une ambiance des plus chaleureuses, on faisait apporter en plein milieu de la pièce le squelette d'un individu mort. À ce moment, l'assistance, dans une forme de méditation collective, s'exclamait : « *Bois et réjouis-toi, car mort, tu seras tel.* » L'objectif de cette performance était très clair, il s'agissait de ramener les convives de la fête à un état de conscience, rappelant que la mort n'est jamais loin, et ce, même en plein cœur d'une fête. En racontant cette vieille tradition égyptienne, Montaigne montre de façon tout à fait concrète comment l'apprivoisement de la mort doit se faire. Comment la mort doit prendre forme concrète, directe pour être connue, reconnue et finalement acceptée. La mort est moins crainte, moins redoutée, la mort est moins conceptuelle, elle devient physique.

Par ailleurs, Montaigne montre comment s'articule l'apprivoisement de la mort avec la liberté. En redoutant la mort, on reste pris entre ses griffes, on reste prisonnier de son concept. Sa préméditation libère l'homme de sa peur de la mort. Ainsi, Montaigne s'exclame : « *La préméditation de la mort est préméditation de la liberté. Qui a appris à mourir, a désappris à servir*[1]. » Apprendre à mourir se fait pendant que l'on est en vie, nous apprend Montaigne. Une fois que l'on a appris à mourir, il n'y a plus à craindre la mort et on peut passer à autre chose. Il ajoute qu'on désapprend à servir en apprivoisant la mort. On devient autonome, indépendant, libéré contrairement à la servitude, à la soumission comme lorsque l'on est au service de quelqu'un ou de quelque chose, la mort par exemple. La singularité de Montaigne est de reconsidérer totalement l'avènement de la mort. Alors qu'il souhaite voir la mort partout, qu'il exige que cela hante nos esprits et nos pensées, il arrive à souligner en quoi cette obsédante pensée rend finalement l'homme plus libre. En se projetant dans la mort le plus profondément possible, le plus largement possible, Montaigne s'en écarte complètement, et dès lors réussit à accéder à un mieux vivre. Ainsi, résume-t-il avec puissance : « *Qui apprend à mourir, apprend à vivre*[2]. » Nous restons dans une enclave si nous n'apprenons pas à mourir. Nous restons coincés, pris au piège par cette pensée obsédante de la mort. Il est donc inévitable pour bien vivre et vivre libre, selon

---

1. Montaigne, *Essais, op. cit.*
2. *Idem.*

Montaigne, de méditer la mort de la façon la plus intense possible.

Toujours dans une filiation parfaitement stoïcienne, Montaigne réinterprète Épictète et sa métaphore du navire que l'on doit reprendre dès lors que le capitaine sonne l'heure du départ. Montaigne propose de considérer la vie comme un emprunt. On emprunte un morceau de vie, un morceau de temps. Cet emprunt se ferait en quelque sorte à l'ensemble de la non-existence constitué avant notre naissance et après notre mort. Nous empruntons la vie comme nous emprunterions une route, un chemin, une voie. Nous restons alors sur cette voie pendant quelques centimètres, quelques mètres, quelques kilomètres, puis nous devons la quitter. À la naissance, nous empruntons une voie, nous y restons un temps, des jours, des semaines, des mois, des années, etc., puis à l'heure de la mort nous quittons cette voie pour retomber dans la non-existence. Montaigne explicite l'emploi de la notion de passage : « *Le même passage que vous fîtes de la mort à la vie, sans passion et sans frayeur, refaites-le de la vie à la mort*[1]. » Ce qui est profond dans l'idée d'emprunt chez Montaigne, c'est l'idée que l'on dérobe finalement la vie à la non-existence. Et que la normalité, c'est la non-

____
1. *Idem.*

existence, l'extraordinaire, c'est de vivre, et ce, même si ce n'est que quelques jours, quelques mois, quelques années. C'est déjà une vie pleine, c'est déjà une vie constituée, la notion de temps n'est pas importante. Il n'y a donc pas lieu de parler de durée de vie « normale ». On peut éventuellement évoquer la durée moyenne de la vie, mais pas « normale » puisqu'il est presque « anormal » de vivre. Nous sommes finalement morts ou plus exactement non existants bien plus longtemps que le temps que nous vivons. Chaque moment de vie est emprunté à la non-existence, à la non-vie ; en cela la vie est toujours parfaite et complète.

Si Montaigne suit un comportement parfaitement stoïcien, il n'empêche que nous pouvons lui trouver des accents épicuriens. En effet, dans cette école, la mort est méprisée puisqu'elle n'existe pas tant que nous vivons, elle n'existe plus lorsque nous sommes morts. Montaigne, à son tour, expose que nous n'avons pas à craindre la mort si elle est courte et violente. Et la mort vient lentement si nous sommes malades, alors la vie ne devient plus aussi attrayante, il n'y a plus de passion, plus d'envie. Et dès lors que les plaisirs disparaissent la mort peut bien apparaître, elle advient presque naturellement.

Faut-il méditer la mort ?

Nous voyons bien que deux courants s'opposent, même si tous se rejoignent sur le fait que la mort n'est pas à craindre. L'un suggère d'y penser en permanence pour l'apprivoiser, l'autre au contraire de la mépriser parce qu'elle est inéluctable. Si nous avons suggéré que l'apprivoisement était peut-être la philosophie à suivre, c'est parce qu'à l'évidence la mort est un stress et une angoisse. Balayer d'un revers de main la mort en considérant que nous ne la verrons que lorsqu'elle adviendra nous semble trop simple. D'abord parce que la mort qui nous préoccupe prioritairement, c'est celle des autres ; c'est la disparition d'un parent, d'un ami, d'un proche. Et c'est l'absence qui nous peine ; considérer que la mort n'est rien serait presque dire que l'ami, le parent disparu n'est rien, ce qui n'est pas le cas. L'absence, le vide laissé par la mort est une première angoisse dans nos civilisations occidentales. Ce n'est pas le cas dans toutes les cultures ; dans la tribu des Hadzas, en Tanzanie, la mort n'est véritablement rien pour eux[1]. À l'occasion d'un décès ils ne s'attardent pas sur les adieux, ils ne font pas de rituels ni ne pleurent le défunt. Ils creusent un trou et y placent le corps. Il y a encore peu d'années, ils ne se donnaient même pas cette

---

1. Michael Finkel, « *The Hadza* », *National Geographic,* december 2009.

peine. Ils abandonnaient simplement le corps sur le sol, afin que les hyènes le mangent. Peut-être que si, dans notre culture, la mort des autres n'était rien pour les vivants, la peur de la mort serait différente.

Par ailleurs, ce qui provoque la peur de la mort, c'est l'inconnu, le vide total et ce sentiment n'est pas propre à la mort. Nous redoutons la première fois que nous faisons l'amour, nous craignons la première rentrée scolaire, nous avons peur ne serait-ce que d'une nouvelle attraction à la fête foraine. Ce qui nous rassure, c'est que nous voyons d'autres individus toujours en vie après avoir expérimenté une nouvelle attraction, par exemple. Mais personne ne revient témoigner sur l'expérience de la mort. Donc nous ne pouvons être rassurés complètement par cet inconnu. Si ce n'est pas de la mort que nous avons peur, c'est *a minima* de l'inconnu, ressenti bien naturel.

Apprivoiser la mort, celle des autres, la nôtre, c'est donc apprivoiser l'inconnu. Le terme choisi par Montaigne est particulièrement juste car nous ne sommes pas dans l'adoption de la mort. La mort, on peut s'en approcher, communiquer presque avec elle à l'occasion de méditation, d'exercice de la mort, mais elle demeure terriblement imprévisible, comme un animal sauvage. La méditation sur la mort est donc nécessaire. Il s'agit d'abord dans la méditation de la mort de se préparer à la réflexion sur la mort : quel regard je porte sur elle ? Quelle crainte est-ce que je nourris sur l'inéluctable ? De quoi ai-je réellement peur ? Est-ce de laisser les miens ? de l'inconnu ? de disparaître ? d'être oublié ? Bon nombre de questions et d'interrogations légitimes sont à poser à l'endroit de la mort, et seule la méditation permet de poser notre esprit face à ces questions de l'existence et de la non-existence. Ce sont ces problématiques qui nous rendent libres face à la mort, ainsi que le souligne Montaigne. C'est parce que nous y réfléchissons que nous apprivoisons la mort. Parce que nous trouvons quelques prémisses de réponses, au moins les nôtres, que nous avons un peu moins d'angoisse face à la mort. La liberté, autre thème philosophique majeur, passe vraisemblablement par une réflexion préalable sur la mort. On peut se sentir libre d'un conjoint, d'un employeur, des bien matériels, on n'est jamais véritablement libre lorsque l'on est prisonnier de la pensée et de la crainte de la mort.

C'est en cela que la préméditation des maux a également un fort intérêt. Préméditer les maux, c'est se libérer de ses angoisses. En méditant les maux possibles, qui peuvent advenir, nous les déconstruisons. Au lieu de les refouler, en y songeant avec attention et rigueur, nous arrivons à les décortiquer, à les énumérer, à les analyser, à les observer et, dès lors, à les réduire. La « grande peur » que nous redoutons nous la dépeçons, la réduisons à ce qu'elle est.

Méditer les maux, c'est se préparer à un accident, un licenciement, un deuil, etc. Là encore, il s'agit d'apprivoiser l'inconnu, ce qui est sauvage, nous angoisse et nous intrigue. Comment serons-nous après ? Avec la méditation philosophique, on ne dompte pas la mort, ni les maux, on cherche à se dompter soi-même, à apprivoiser l'extérieur qui nous angoisse et à dompter son esprit perturbé. Dompter son esprit, ce n'est pas le dresser, c'est lui apprendre à vivre avec les obstacles, les difficultés, les incertitudes et les inconnues de la vie. Et ce dans un seul but, essayer de vivre du mieux possible.

Techniques et méthodes de la méditation philosophique

Nous l'avons compris, la méditation philosophique n'est pas une fin en soi. On médite pour se transformer, s'améliorer, travailler sur soi. Et les visées que l'on peut avoir sur soi sont celles que les Anciens nous proposent dans leurs principes pour mieux vivre. C'est ainsi que notre première partie se voulait une description des exercices spirituels, qui sont en quelque sorte le matériau philosophique de la méditation. L'un des principaux matériaux est l'exercice de la mort que nous avons étudié lors de notre deuxième temps. Toutefois, ces deux moments ne montrent pas complètement la façon de méditer, la façon d'être, de se comporter, de se mettre en position de méditer philosophiquement. Cela pourrait rester au stade d'une simple discussion.

Commencer à méditer philosophiquement n'est pas une simple déclaration d'intention. Ce n'est pas même quelques tentatives ici et là. Car même si cela est accessible à tous, cela demande une certaine rigueur, une certaine exigence, un engagement total. C'est à travers la connaissance de soi, la retraite en soi que nous commencerons cette partie. Nous parcourrons ensuite les possibles méthodes méditatives. Que celles-ci s'effectuent seul ou à deux, isolé ou en se promenant, face à un texte ou dans le silence le plus complet.

Cette dernière partie permet de s'approprier les techniques méditatives pour soi. Il ne s'agit pas de lire un « petit manuel d'application de la méditation », ce ne sont que des propositions sur lesquelles il s'agit ensuite de bâtir ses propres techniques, ses propres façons de méditer. La méditation philosophique, c'est une volonté de construire notre comportement, nos attitudes, notre transformation. Chacun doit donc « choisir » la forme qu'il ressent comme faisant le plus d'échos en lui pour être en condition de méditer philosophiquement.

Pratiquer le retour sur soi

Faire le bilan de soi

La *melête,* c'est l'exercice d'appropriation d'une pensée. L'appropriation se fait sur la préméditation des maux, sur la volonté de se changer, sur la transformation que l'on veut opérer chez soi. Toutefois, s'approprier une pensée nécessite préalablement d'être certain de l'état dans lequel on se trouve pour pouvoir évoluer à bon escient. Il importe donc, avant de méditer philosophiquement à une amélioration de soi, de faire le bilan de soi, de savoir se connaître. Cela fait écho à la célèbre inscription delphique que Socrate reprend à son compte : « *Connais-toi toi-même.* » Dans *Phèdre*, Platon fait ainsi dire à Socrate : « *Quant à moi, je n'en ai pas du tout* [de goût] *pour ces recherches, et la raison, mon ami, c'est que je n'ai pas pu encore me connaître moi-même, comme le demande l'inscription de Delphes, et qu'il me semble ridicule que, m'ignorant moi-même, je cherche à connaître des choses étrangères* [...] *au lieu d'examiner ces phénomènes, je m'examine moi-même, je veux savoir si je suis un monstre plus compliqué et plus aveugle que Typhon, ou un être plus doux et plus simple et qui tient de la nature une part de lumière et de divinité*[1]. » Socrate regrette de ne pas assez se connaître, de ne pas assez s'examiner soi-même et en conséquence il se trouve ridicule de se préoccuper de choses extérieures. Autrement dit, à quoi bon chercher à travailler de nouvelles propositions d'être, de nouvelles propositions d'existence alors que l'on ne sait pas exactement qui nous sommes, comment nous sommes, quels sont parfaitement nos attitudes et comportements. Se connaître est donc un premier temps essentiel.

---

1. Platon, *Phèdre*, *op. cit.*

Il faut néanmoins préciser que l'inscription gravée au fronton du temple d'Apollon à Delphes ne reflète pas l'injonction de Socrate. La véritable maxime était en réalité : « *Je ne sais qu'une chose, c'est que je ne sais rien[1].* » Il faut noter que celle-ci incite à s'observer, à se connaître soi-même, mais, plus précisément, la formule réclame une observation bien plus étendue que l'individu, il s'agit de s'observer en tant qu'Homme au sens large. L'enjeu est ici de s'élever par-delà les sentiments personnels, par-delà ses propres opinions qui peuvent être un jugement de valeur, donc trop subjectif.

Ainsi, il y a un bilan de soi à faire à deux niveaux.

Un premier niveau qui est qui je suis ? Comment je suis ? Pourquoi je suis ? On s'interroge alors sur notre façon d'être, nos attitudes, nos habitudes et nos réflexes. C'est tout le comportement que l'on questionne et sur lequel on cherche à obtenir un avis aussi juste et neutre que possible. L'idée de se connaître soi-même est forcément biaisée parce que nous sommes juge et partie. Néanmoins, être juge de soi va obliger à avoir envers soi-même une première honnêteté, une première conversation de soi à soi. Discuter avec soi-même est capital et

---

1. Platon, *Apologie de Socrate,* trad. Luc Brisson, Garnier-Flammarion, 1999.

constitue la première étape vers l'établissement d'une capacité à se juger soi-même. Commencera à s'établir un rôle en soi, jaugeant son autre moi. Dans ses *Exercices,* le philosophe Shaftesbury reprend l'allégorie administrative du juge de soi, présente également chez Sénèque et Épictète. Il s'agit de se présenter à soi comme *« législateur de soi-même*[1] *»,* d'établir une république intérieure qui soit capable de juger, de critiquer, d'observer et d'analyser de la façon la plus juste possible.

La religion chrétienne reprend l'idée philosophique d'être juge de soi-même. Ainsi, Dorothée de Gaza précise qu'à l'occasion de nos examens quotidiens, hebdomadaires, mensuels, annuels, nous devons nous demander : *« Où en suis-je maintenant avec cette passion qui m'accablait la semaine dernière*[2] *? »* Si cette proposition fait sens avec Épictète en regard de la méthode utilisée, sa finalité est différente. En effet, l'auteur du *Manuel* ne parle pas en termes de faute ou de péché, mais uniquement de passions qui nuisent à une vie sereine.

Le second niveau où le bilan de soi est crucial, c'est le bilan ontologique de soi, celui d'être en tant qu'être. La proposition est de mesurer, à l'occasion de la méditation,

---

1. Shaftesbury, *Exercices,* trad. Laurent Jaffro, Aubier, 1993.
2. Dorothée de Gaza, *Œuvres spirituelles,* Le Cerf, 2001.

l'individu face au cosmos, au grand Tout, à l'universel. Cela implique une méditation de la place de l'homme au milieu, à l'intérieur de cet environnement. Quelle est sa place ? Quel est son rôle ? Quel est son bilan en tant qu'animal vivant confronté à la planète dans laquelle il vit ? son impact sur l'environnement par exemple ? son rôle dans la société qu'il construit ? son attitude vis-à-vis des autres êtres vivants, les animaux, les plantes, les arbres, etc. ? ses responsabilités et ses implications vis-à-vis des autres êtres vivants les plus vulnérables ? Quelles sont ses responsabilités face aux vivants à venir ? Ce niveau du bilan de soi nous fait décoller de nos propres soucis personnels, nous fait remarquer qui nous sommes en tant qu'espèce, ce que nous apportons au milieu dans lequel nous sommes et ce que nous prenons. La méditation philosophique est ainsi loin de s'arrêter sur des problèmes personnels dans un égoïsme réducteur. La méditation philosophique est certes individualiste, mais pas égoïste. Son individualisme permet d'exister en tant qu'être individuel, avec ses soucis, ses angoisses, ses attributs, ses critères et ses qualités. L'individu n'est pas seul, il existe pleinement, se développe pleinement et échange pleinement. Cet échange se doit d'être fructueux dans la relation à autrui afin de constituer en même temps l'individu qui interagit. Les bilans de soi permettent ainsi de songer à une amélioration de soi, une transformation de soi et d'anticiper son attitude dans le monde tel qu'il se donne.

Anticiper son attitude

La méditation incitant au bilan de soi nous projette, dans un second temps, au questionnement du comportement et de l'attitude à venir. C'est la réflexion et la méditation de nos actions futures. Autrement dit : comment vais-je me comporter dans les situations à venir ? Cette anticipation de son attitude est intrinsèquement liée à notre travail sur la préméditation des maux. Il s'agit en effet de réfléchir à notre comportement à l'endroit des possibles maux à venir et d'avoir intégré le bilan de soi individuel et générique.

Ainsi nous avons le séquencement suivant : bilan de soi – qui je suis et comment je suis, mes habitudes, mes réflexes, mon caractère mes attitudes ; bilan générique de l'Homme – en tant qu'espèce, quel est mon comportement ; préméditation des maux pour moi en tant qu'individu – la peur des maladies, de la mort, de la rupture ; enfin la préméditation des maux en tant qu'espèce – l'environnement, la situation dans le cosmos, la relation aux autres du monde, etc. Ce séquencement souligne les piliers de la méditation ainsi que nous pouvons les appliquer pour commencer l'exercice. Il ne s'agira pas de garder ces mêmes principes après plusieurs méditations. La pratique régulière fera que le bilan de soi devient connu, il devient un socle sur lequel nous saurons préméditer les maux à venir. De même les méditations de l'Homme générique n'évoluent pas à chaque instant. Ce sont des questions complexes, longues qui n'évoluent pas chaque jour. Il s'agit d'y revenir régulièrement à l'occasion de méditations mais pas systématiquement. En revanche, la méditation des maux pour soi est une question permanente et quotidienne. C'est un exercice permanent dans l'objectif d'une anticipation future de notre comportement.

Cette anticipation de notre attitude va soulever la question de la projection et des hypothèses. Le principe est d'imaginer, en plus des maux futurs, nos possibles multiples réactions, ainsi que les réactions de nos interlocuteurs éventuels. En effet, nous pouvons anticiper les maux, mais pas tous, nous pouvons anticiper les réactions d'autrui et leurs comportements, mais pas tous. Il s'agit donc de les imaginer le plus possible ; certains seront omis, mais si la plupart sont anticipés, le risque d'avoir ignoré certaines réactions est diminué. Si, par exemple, je médite la peur que mon conjoint me quitte, je dois songer dans la préméditation des maux à ce que ma femme, par exemple, m'annonce qu'elle me quitte parce qu'elle a rencontré quelqu'un dont elle est amoureuse, qu'elle a rencontré quelqu'un mais ne sait pas si elle est amoureuse, qu'elle n'a rencontré personne, mais ne sait plus si elle est encore amoureuse de moi, qu'elle n'a rencontré personne, mais se pose des questions sur elle-même et souhaite prendre du temps pour se retrouver seule, qu'elle me quitte parce que mon comportement lui paraît insupportable, qu'elle me quitte parce que je travaille trop et qu'elle se sent délaissée, ou encore qu'elle me quitte parce que je ne m'investis pas dans des projets pour la famille, qu'elle me quitte parce qu'elle veut des enfants et pas moi, etc. La liste n'est à l'évidence pas exhaustive et chaque possibilité peut encore se décliner en multiples hypothèses.

Si je médite ces maux, cela doit avoir une conséquence sur mon attitude face à ces situations que ma femme peut m'exposer. Si, dans mon bilan, je reconnais que mon naturel est de prendre les choses à la légère, considérant que cela passera, qu'il ne faut pas s'en faire, alors il s'agira effectivement d'anticiper une attitude qui soit en concordance avec mon trait de caractère connu pour qu'il ne vienne pas polluer la situation. Je dois préméditer à la fois les maux en fonction de qui je suis, des possibles situations et des retours que peut faire ma femme à l'occasion de la conversation. Comment vais-je agir dans cette situation ou dans telle autre ? Comment vais-je prendre ce reproche ou celui-ci ? Etc. Il ne faut pas s'y tromper, tout cela n'est pas un calcul stratégique, un calcul malsain ou perfide. L'enjeu n'est pas d'agir sur l'autre, de le contrôler ou de le manipuler. Lorsque nous anticipons, c'est sur nous que nous voulons agir, pas sur notre interlocuteur. Il s'agit de faire en sorte que les situations se passent du mieux possible en les anticipant et non en les subissant avec surprise, étonnement. Car dès lors le choc d'une annonce nous fait perdre nos moyens, la maîtrise de nous-mêmes. L'énervement peut nous faire dire des choses que nous regretterions, que nous ne pensons pas, etc. L'anticipation permet d'éviter ces situations désagréables pour l'autre, mais avant tout pour nous-mêmes dans l'anticipation de nos comportements, de nos attitudes. L'enjeu est alors idéalement d'éviter les situations désagréables, mais surtout, à l'occasion de la difficulté à venir, de ne pas perdre le contrôle de nous-mêmes.

Quand et comment méditer ?

Tout d'abord, la question du « comment » méditer philosophiquement ne tient pas à une posture physique. Si, dans les méditations religieuses, les postures ont un sens pour méditer, pour prier, ce n'est pas du tout le cas ici. Et ce pour la simple raison que la méditation par exemple peut avoir lieu le soir, pour faire un bilan de soi avant de dormir, ou le matin pour se préparer à la journée. Par principe, la méditation est partout, elle est tout le temps. Il s'agit même d'atteindre un degré de méditation philosophique permanent, une forme de *nirvana*, d'état de grâce où nous serions constamment à la fois dans le monde réel et dans notre propre monde. Nous vivons alors les expériences, les situations en y participant activement, mais en sachant nous modérer, en sachant pondérer ce que nous disons, ce que nous faisons. Nous intégrons alors dans l'activité de notre vie la préméditation, le bilan de soi, l'anticipation de nos comportements comme un réflexe. Marc Aurèle conseillait ainsi qu'à chaque fois que nous embrassons un individu, il faut se souvenir que celui-ci est un mortel[1]. Ce que l'empereur stoïcien veut souligner ici est simple, c'est qu'en permanence il faut songer qu'embrasser tel ou tel individu, son mari, sa femme, ses amis, ses enfants, sa famille, etc. est peut-être la dernière fois. La mort étant possible à tout instant, les êtres humains étant mortels, il est naturel qu'à un moment ou à un autre nous embrassons telle ou telle personne pour la dernière fois peut-être sans le savoir. Si

----

1. Pierre Hadot, *La Philosophie comme manière de vivre*, Albin Michel, 2001.

nous ne nous y préparons pas, nous risquons d'être sous le choc le jour où cette mort adviendra. C'est une négligence et un aveuglement qui ne sont pas dignes d'un philosophe stoïcien puisque ce n'est pas savoir se conformer au destin, au grand ordre universel. Si nous ne revenons pas sur le pessimisme, la pensée négative que nous avons déjà abordée, souvenons-nous uniquement que ces préméditations de la mort, par exemple chez Marc Aurèle, ont uniquement le souci de bien vivre. Si nous ne nous préparons pas aux expériences tel qu'il est possible qu'elles adviennent, alors nous ne vivrons pas bien. Nous risquons d'être anéantis pendant plusieurs mois, plusieurs années, jusqu'à la fin de notre vie, parfois par la mort d'un individu proche de nous. Pourtant, nous savions qu'il était un mortel, mais nous n'y avions jamais réfléchi, nous n'y avons jamais cru, nous n'avions jamais voulu voir les choses en face. *Sapere aude*, « ose savoir », préconise Kant en reprenant l'expression d'Horace. Savoir n'étant pas ici la connaissance des choses, c'est toute l'expression d'une volonté de raison. Pour l'empereur stoïcien Marc Aurèle, il faut oser savoir, comprendre et accepter constamment les choses telles qu'elles se donnent qu'elles viennent dans la vie, depuis ses champs de bataille à la vie de famille.

Si le « comment » méditer va idéalement viser une méditation permanente, il n'est à l'évidence possible qu'après de longues années d'entraînement et de pratique. Il n'empêche que la méditation philosophique peut être appliquée ici et maintenant même pour de courtes périodes, au sein d'une journée. Aucune posture n'est requise sinon toutes, aucun lieu n'est recommandé sinon tous, aucun moment n'est recommandé sinon tous. Dès lors que l'on respecte les propositions philosophiques, que l'on se conforme aux règles des recommandations de nos maîtres, la méditation philosophique a cette facilité de pouvoir être pratiquée quand on veut et comme on veut.

Quand méditer ?

Le philosophe américain Thoreau considérait que la méditation était préférable le matin. Que l'aube et l'éveil permettaient de s'atteler bien plus à la réflexion. Que la méditation était profitable quand l'esprit se lève en même temps que la nature. C'est d'ailleurs le moment de la journée qu'il estime le plus digne, le plus notable ; ainsi précise-t-il : « *Le matin, c'est quand je suis éveillé et qu'en moi il est une aube. La réforme morale est l'effort accompli pour secouer le sommeil*[1]. » Thoreau a conscience de la difficulté d'éveiller l'esprit d'une façon générale, en particulier le matin. C'est un effort que de sortir celui-ci de la torpeur

---

1. Henri David Thoreau, *Walden ou la Vie dans les bois*, Gallimard, 1990.

dont il est prisonnier pendant la nuit. Si le sommeil est nécessaire il ne s'agit d'en user que pour récupérer, pour se ressourcer, mais pas plus. Car le matin est le moment de la journée à ne pas manquer pour celui qui souhaite méditer ; d'ailleurs, dit-il, « *la santé se mesure à l'amour du matin*[1] ». Pour Thoreau, le matin n'est pas encore tout à fait dans le monde réel, il est constitutif d'un monde parallèle qui s'articule avec la somnolence et vient créer une atmosphère unique.

Épicure, dans la *Lettre à Ménécée*, souligne de son côté que ce qui est primordial, c'est de « *méditer jour et nuit* ». C'est donc en permanence qu'il faut méditer ; néanmoins, si un moment doit être privilégié, c'est le soir, moment le plus propice, celui de l'apaisement de l'âme.

Mêmes propos chez Pythagore, pour qui, avant de s'endormir, il s'agit de se mettre en configuration de méditation afin de se préparer à examiner sa conscience. Ce moment est capital pour lui : « *Ne permets pas que le doux sommeil se glisse sous tes yeux,/avant d'avoir examiné chacune des actions de ta journée./En quoi ai-je fauté ? Qu'ai-je fait ? Qu'ai-je omis de ce qu'il me fallait faire ?/ Commence par la première à toutes les parcourir. Et ensuite,/ si tu trouves que tu as commis des fautes, gourmande-toi ;*

---

1. *Idem.*

mais, si tu as bien agi, réjouis-toi//Travaille à mettre ces préceptes en pratique, médite-les ; il faut que tu les aimes,/et ils te mettront sur les traces de la vertu divine[1]. »

Nous retrouvons dans la proposition pythagoricienne les axes de la méditation préalable, mais aussi la méditation *a posteriori*. Nous retrouvons tous les éléments permettant de se forger toutes les questions de la méditation pour soi. Notons également que l'examen de conscience qui passe par la méditation philosophique n'a pas pour enjeu de développer un jugement, de formuler des critiques ou de nourrir des remords. L'objectif avant tout, c'est de purifier sa pensée avant le sommeil afin que celui-ci ne soit pas perturbé. Les rêves sont les révélateurs de l'âme pour Pythagore, il s'agit alors de faire en sorte que l'âme soit apaisée par la méditation avant d'entrer dans le sommeil. C'est également parce que le sommeil a bon nombre de rapports avec la mort et le sommeil dans la philosophie antique que c'est un moment favorable pour la rencontre avec les dieux. Il faut donc se purifier avant cette rencontre ; et la méditation aide à cette préparation, juste avant de s'endormir.

Ainsi, le sommeil est peut-être le moment le plus propice pour initier la méditation. Les moments que sont les

---

1. Pythagore, *Les Vers d'or*, Aydar, 1998.

« *marges de la nuit*[1] », la « *paix du soir*[2] » permettent d'engager spontanément un dialogue avec soi-même. C'est le moment où le bilan de soi, le retour sur la journée écoulée est enfin possible dans le calme et les profondeurs que la nuit offre. Se recentrer dans la nuit qui vient, dans la nuit qui recouvre la journée passée favorise une nouvelle forme de lucidité, un regard d'en haut, une neutralité, une analyse vis-à-vis de ce que la journée nous a fait vivre.

De toute évidence, la méditation d'avant le sommeil possède le risque… de l'endormissement. Cependant, après la journée passée, la méditation, le calme et le silence auraient tendance à nous endormir avant la fin de la méditation, ce qui serait regrettable pour la mise en pratique de nos pensées, de notre bilan, de la volonté de se transformer. Les bouddhistes résolvent la question en pratiquant la méditation avec une posture assise particulière ; elle peut être adaptée pour la méditation philosophique. Une légende bouddhiste explique que le thé serait né des paupières que le patriarche bouddhiste Bodhidharma, dans son effort héroïque pour repousser le sommeil et poursuivre sa méditation, se serait lui-même coupées. Tombées sur le sol, elles y auraient germé

---

1. Baldine Saint-Girons, *Les Marges de la nuit*, L'Amateur, 2006.
2. Baldine Saint-Girons, *L'Acte esthétique*, Klincksieck, 2008.

et auraient donné naissance à « la plante de l'éveil ». Sans tomber dans l'extrême de cette jolie légende, il s'agira pour la méditation du soir de trouver une posture évitant l'endormissement : la position assise, debout, les yeux ouverts, etc.

Comme les épicuriens et les pythagoriciens, les stoïciens réclament également une méditation, qu'ils nomment plus volontiers « examen de conscience », deux fois par jour. Une première le matin, tournée vers les moments très proches, la journée à venir, la semaine qui va se dérouler. Il s'agit de se passer par anticipation le fil de la journée que nous allons vivre et de voir quelle devra être notre attitude, quel sera idéalement notre comportement, etc. La seconde méditation, du soir, établit, elle, un bilan par rapport à l'examen du matin.

Dans l'*Herméneutique du sujet*[1], Foucault montre bien que chez Sénèque[2] l'évaluation entre l'examen du matin et le bilan du soir permet de prendre envers soi-même la posture de juge. Un juge à la fois sévère qui n'accorde aucune indulgence car on se convoque, on s'accuse, etc., mais, dans le même temps, il n'y a pas la volonté d'infliger une punition ni un jugement humiliant ou culpabilisateur.

---

1. Michel Foucault, *L'Herméneutique du sujet*, *op. cit.*
2. Sénèque, *De Ira*, Klincksieck, 2000.

Sénèque cherche au contraire à établir un inventaire juste. La méditation chez Sénèque, intimement liée avec l'examen de soi, est vécue en effet comme une pratique administrative comme nous l'avons déjà noté. Dans « Techniques de soi[1] », Foucault montre que ce qui est recherché par la notion « administrative », c'est la volonté d'avoir une certaine neutralité dans l'analyse du regard porté sur les actions que l'on réalise. Ainsi, Sénèque agit *« comme lorsqu'un contrôleur examine les comptes ou lorsqu'un inspecteur du bâtiment examine les comptes ou lorsqu'un inspecteur du bâtiment examine une construction[2] »*. Sénèque se pose en administrateur de lui-même dans son examen de soi, il s'inspecte et se regarde, il s'observe et établit un état des lieux de comment il est, de ce qu'il vit, de ses comportements et attitudes.

Pour Épictète, la méditation permet de se mettre dans une posture où l'on va se surveiller vis-à-vis de nos propres représentations. La métaphore à conserver à l'esprit est celle du gardien de nuit qui ne laisse pas entrer n'importe qui dans la ville ou dans la maison qu'il garde, autour de laquelle il rôde, il s'interroge en même temps

---

1. Michel Foucault, « Techniques de soi » in *Dits et Écrits II*, Gallimard, « Quarto », p. 1617.
2. *Idem.*

qu'il protège ce qu'il voit[1]. Autre métaphore d'Épictète cette fois, il recommande de se comporter comme l'*argurnomos*, celui qui vérifiait la monnaie et qui la jauge en la soupesant, en vérifiant le matériau, en scrutant l'effigie représentée[2]. Y a-t-il malfaçon ? contrefaçon, etc. ? Cette fois, le matériau d'examen, ce sont ses propres pensées.

Le moment de la méditation philosophique importe peu donc, tout dépend du moment où l'on se sent le mieux pour faire un bilan de soi ou préméditer les maux. Le moment le plus propice est le moment que l'on considère être le mieux pour soi : le matin, le soir, le matin et le soir, etc. Ce qu'il y a d'intéressant dans une méditation effectuée le matin et le soir, c'est de pouvoir apprécier le parcours réalisé pendant la journée. Il est alors possible d'avoir un vrai jugement, le plus objectif possible, sur notre capacité à avoir suivi nos méditations de l'aube. Cela n'évitera pas de pouvoir dans la journée méditer face à une difficulté, mais aussi, et nous y reviendrons, de méditer en marchant, en travaillant, en se distrayant, etc. L'enjeu est de méditer le plus possible pour vivre le mieux possible. Il n'y a donc pas de moments propices, mais plutôt des attitudes et des comportements propices à la méditation.

---

1. Épictète *in Les Stoïciens*, Gallimard, « Bibliothèque de la Pléiade », 1962.
2. *Idem.*

Les situations méditatives

Méditation au « Banquet »

L'incitation à la méditation tout au long de la journée a pour avantage de s'insérer dans l'activité humaine, dans un environnement actif mêlant toutes sortes de bruits, des discussions et des échanges plus ou moins audibles, etc. L'ultime stade de la méditation philosophique est de savoir philosopher y compris au sein d'environnements complexes : dans les transports en commun, dans sa voiture, à son travail, dans la rue, au milieu d'échanges interpersonnels, etc. Le parangon de cette capacité méditative dans la philosophie se retrouve dans la figure de Socrate. Dans le *Banquet*, où, au sein des convives, Socrate reste immobile, sans bouger, sans manger. Il demeure à la fois dans le mondain des invités, mais aussi pleinement en lui-même. Cela se lit dans la parfaite maîtrise de son corps dont il se détache pour vivre sa méditation. Socrate est dans le *logos* qui lui est propre et la méditation de Socrate souligne que *« l'individualité corporelle* [qui] *cesse d'exister au moment où elle s'extériorise dans le* logos[1] *».* Dans un environnement orgiaque où l'ivresse rivalise avec la profusion de mets où se déroule *Le Banquet,* Socrate est impassible, il reste à la fois sobre et mesuré,

---

1. R. Schaerer, *La Question platonicienne.* Neuchâtel, Vrin, 1969.

distant tout en étant acteur. Il est en pleine méditation de bout en bout de la situation, aussi bien quand il dialogue que lorsqu'il quitte le lieu où d'autres ne tiennent plus debout depuis longtemps. Pendant toute sa présence sur les lieux, Socrate n'a cessé de méditer et préméditer maux et bilan de soi, anticipation de son comportement et de son attitude. Multitude d'interrogations fourmillent dans son esprit : que vais-je dire ? Quel en sera l'impact ? Comment mon interlocuteur va-t-il régir ? Dois-je également goûter de ce vin qui enivre l'assemblée ? Quelles en seront les conséquences sur mon discours ? sur mon propos ? sur la maîtrise de moi-même que je risque de perdre ? Socrate ne se laisse aucune fois entraîner là où il sait qu'il risque de perdre. Il a besoin en permanence, pendant tout le déroulement du banquet, de méditer pour garder le contrôle de lui-même et ainsi ne pas tomber là où il regretterait plus tard, là où il ne se sentira pas forcément à sa place. On imagine la difficulté intérieure qu'il a dû éprouver pour rester jusqu'au petit jour, seul dans un état psychologique de sérénité, dans un état physiologique de sobriété, et pourtant continuer à philosopher avec les convives. Seule la méditation pouvait lui permettre cette maîtrise, seule celle-ci peut l'aider à dépasser l'atmosphère du lieu où il se trouve pour n'en retenir que le fond et les batailles philosophiques qui s'engagent.

« Ensemble et soi-même »

Au-delà du *Banquet,* le dialogue socratique est important pour comprendre le rôle d'autrui, savoir l'écouter. L'écoute d'autrui rend possible la relation à l'autre, en l'entendant, en l'écoutant et en le comprenant. L'interlocuteur peut alors se changer, se modifier, évoluer par l'apport de la réflexion de l'autre, mais aussi de lui-même à l'occasion de l'échange. L'un l'autre ne se perdent pas pour autant ; au contraire, ils autoconstruisent une nouvelle relation, un nouvel individu, qui certes n'est pas physique mais n'en existe pas moins. C'est la construction d'un troisième individu, un peu des deux interlocuteurs présents dans l'échange. Cette relation à autrui semble faire écho à la célèbre devise de la Comédie-Française : *« Ensemble et soi-même ».* Chaque comédien du « Français » se doit de connaître cette sentence pour l'exercice de son métier. Une pièce de théâtre, c'est être ensemble, c'est une constitution de plusieurs comédiens, de plusieurs individus. Seul « l'être ensemble » permet la réalisation de la pièce de théâtre. Dans le même temps, la pièce n'existe pas sans la puissance de chacune des individualités, la puissance de chaque comédien qui vient donner sa contribution à l'ensemble de la scène. Il en va de même dans la relation à autrui pour la méditation. C'est en permanence un processus itératif entre le dialogue qui se construit à deux, la relation qui s'élabore à deux et dans le même temps le bénéfice que chacun y retient tout en y apportant un peu de soi. Chaque dialogue méditatif s'orchestre sous les auspices d'une construction commune dont les bénéfices seront pour l'un et l'autre. Nul ne repart gagnant ou perdant vis-à-vis d'autrui, si l'un repart en ayant « perdu » dans le dialogue, c'est que le processus méditatif n'a pas eu lieu. Cette impression peut être celle perçue chez Socrate lorsqu'il utilise l'ironie, le séquencement des questions finit par agacer l'interlocuteur qui quitte le dialogue. Toutefois, même l'interlocuteur qui part n'a pas nécessairement perdu dans la discussion, au contraire, il a certainement gagné de la compréhension, de la méthode, de la rigueur, un autre point de vue, une ouverture sur sa pratique, sur le monde et son environnement, etc. S'il quitte la scène face à Socrate, c'est vexé sur le coup de la discussion, mais le cheminement que lui a fait prendre Socrate sera un apport considérable pour lui-même.

Pour que ce rapport à autrui soit possible, il faut être passé par les étapes du bilan de soi, de la préméditation des maux, de l'anticipation de son attitude, etc. Ce sont des étapes importantes de connaissance de soi, de savoir prendre soin de soi pour se permettre de se confronter à autrui. Cette dimension se retrouve dans le terme d'individualisme. Ce terme, souvent mal compris, est souvent perçu comme un synonyme d'égoïsme, ce qui n'est pas le cas. L'individualisme, c'est une conception de la façon dont les individus doivent exister, doivent pouvoir se mouvoir et penser par eux-mêmes. C'est la volonté de mettre au-dessus de tout l'autonomie de l'individu, par-delà les organes prescriptifs de groupes comme peuvent l'être la famille, les institutions, etc. L'individu existe à l'évidence dans le groupe, mais le groupe ne l'anéantit pas pour autant. L'individualiste prône l'existence des différentes entités composant le groupe, alors que l'égoïste ne défend que son propre bien. De nouveau, la devise « *Être ensemble et être soi-même* » reflète bien la position de l'individualisme. Il y a une troupe de théâtre, c'est l'ensemble. Il y a des comédiens, c'est le soi-même. Au sein de ce soi-même, il ne peut y avoir d'égoïste, d'individu ne pensant qu'à ses intérêts propres, car la troupe en serait nécessairement déséquilibrée, il ne peut y avoir un individu ne pensant qu'à lui et à sa propre réussite. Le principe même de la troupe, c'est à l'évidence le succès commun. Néanmoins, l'individu, tous les individus doivent exister pour vivre pleinement ; pour s'épanouir pleinement, il faut du soi-même. Il ne s'agit pas d'effacer les individus et de ne faire émerger que la notion de « troupe » ; celle-ci est une constitution d'individualité. Si seule la troupe apparaît, l'individu se sent amoindri voire inexistant, considéré ici comme un autre. L'individualisme a non seulement sa place, mais est une voie fondamentale pour un parfait équilibre entre soi et l'autre.

Un philosophe contemporain français, Bernard Groethuysen, a cherché à questionner cette dimension. Il a réalisé une « anthropologie philosophique » dans laquelle il propose que chaque individu veille à se construire une personnalité. Cela s'articule avec l'individualisme et Groethuysen précise que « *philosopher peut et doit même devenir une activité décisive dans la construction de la vie*[1] ». Cette nécessité de construction passe par la méditation de l'homme sur ce qu'il est et sur sa propre vie qu'il doit toujours avoir en perspective, dans sa ligne de mire. Pour cela, il s'agit de se posséder soi-même : « *Je suis moi-même, pour autant que je me possède ; moi, en tant que personnalité me délimitant moi-même, et cela toujours en opposition à "l'autre", qui reste extérieur à moi et sur lequel je réagis en partant de moi, de moi comme personnalité reposant en elle-même*[2]. » Groethuysen fait ici écho à Épictète pour qui chacun dispose de soi et rien que de soi[3] et par ailleurs montre bien l'importance de son « soi »

---

1. Bernard Groethuysen, *Anthropologie philosophique*, Gallimard, « Tel », 1953, p. 87.
2. *Ibid.*, p. 72.
3. Épictète in *Les Stoïciens, op. cit.*

à protéger, à préserver quand il s'agit d'être confronté à l'extérieur, c'est-à-dire l'autre.

Notons toutefois que la notion de « construction de soi » que l'on peut lire chez Groethuysen est un élément déterminant des exercices spirituels, mais qui ne lui est nullement spécifique. Cette notion traverse absolument toutes les philosophies antiques, classiques, modernes et contemporaines, dès lors que cette question de la transformation de soi est abordée. Dès les présocratiques jusqu'aux philosophies actuelles de Foucault et de Hadot, cette dimension est présente. Des philosophes aussi variés que Socrate, Marc Aurèle, Plotin dans l'Antiquité, Montaigne à l'âge classique, Descartes à la Renaissance, Rousseau pendant les Lumières, Emerson, Thoreau au XIXe siècle, et plus proche de nous Husserl, Wittgenstein, Foucault, Cavell notamment, tous, d'une façon ou d'une autre, ont travaillé sur la construction et la transformation de soi. À la fois pour eux-mêmes et à la fois dans la relation à autrui.

Méditer seul ou à deux ?

Revenant au *Banquet,* il faut s'interroger sur le binôme dans la méditation : peut-on méditer à deux ? On peut ainsi imaginer que, certes, Socrate médite en son for intérieur pendant toute la soirée, mais qu'à l'occasion d'échanges philosophiques, la méditation s'ouvre vers son interlocuteur. Ou, plus exactement, la méditation génère une seconde méditation qui n'est plus liée à Socrate exclusivement, mais qui devient une méditation partagée. Chacun va venir y apporter un morceau de soi pour constituer une nouvelle méditation. Elle ne se substitue pas à la méditation intrinsèquement personnelle qui constitue l'individu. Cette seconde sphère méditative est additive et permet de méditer à deux, tout en se préservant, l'importance à l'esprit de prendre soin de nous et de notre méditation personnelle, intime.

Le premier critère d'une méditation à deux et que le maître enseigne prioritairement à son disciple, c'est savoir écouter. Là encore, on pourrait retrouver Socrate qui se met dans une posture d'écoute avant toute chose auprès de ses interlocuteurs. Il les laisse parler, exposer leurs points de vue et convictions. Socrate, en écoutant parler son interlocuteur, laisse celui-ci se dévoiler, et cela permet dans le même temps de parfaitement s'adapter à lui. À la fin du discours de son interlocuteur, il ne va jamais exposer un cours, une méthode, des dogmes. Au contraire, en fonction de ce qu'il a entendu, il va venir questionner à l'endroit précis où les critiques peuvent se faire, aux endroits précis où il découvrira les failles du discours. Socrate ne recouvre jamais une posture de savoir tout-puissant, de dogmatique, il se pose toujours en interlocuteur spécifique de celui avec qui se joue une bataille de la pensée. Ainsi Socrate cherche avant tout l'écoute, mais aussi le dialogue qui permettra de découvrir l'autre. Faire dialoguer ses interlocuteurs est le principe de la méditation à deux chez Socrate.

D'une façon plus générale, dans la philosophie, celui qui écoute, c'est le disciple, c'est lui, l'auditeur ; le maître seul s'exprime. D'ailleurs, l'écoute peut même être imposée, comme chez Plutarque ou Philon d'Alexandrie. Le fondateur du stoïcisme, Zénon, soulignait la supériorité de l'écoute sur la parole, pour preuve n'importe quel visage a deux oreilles et une seule bouche. C'est donc que nous sommes plus faits pour écouter que pour parler[1].

Formes méditatives

L'importance de l'écoute

De nombreuses écoles recommandent donc l'écoute comme premier pas vers la philosophie, vers l'ascèse, la méditation qui en découle. L'écoute est fondamentale en philosophie car si elle n'est pas écoutée, elle n'a en fait aucune réalité. Le philosophe ne peut pas faire vivre ses pensées, les partager, s'il n'y a pas d'écoute. La philosophie

---

1. Plutarque, « Comment écouter », in *Œuvres morales*, trad. R. Klaerr, A. Philippon et J. Sirinelli, Les Belles Lettres, 1989.

ne peut se parler à elle-même, car elle n'aurait aucun effet ; elle ne peut s'imposer par la violence car elle serait rejetée, et cela n'aurait aucun sens. Il y a donc une importance de l'écoute vivante, active, convaincue.

L'écoute est le point de départ de la façon de diriger son attention, sans écoute pas de direction où aller ou alors on va partout et dès lors nulle part. C'est pourquoi les pythagoriciens parlaient de « l'art de l'écoute » et avaient dans leurs principes d'obliger les jeunes disciples à rester silencieux pendant cinq ans. Ils cherchaient ainsi à ce que l'écoute et non la parole soit un réflexe face à un interlocuteur. Plutarque, qui recommandait de se taire, évoquait lui aussi un art de l'écoute et notamment un art de savoir écouter les conférences[1]. Il écrivit même un texte, « Comment écouter », dans lequel il expose à la fois l'art d'écouter les Anciens, le maître, mais aussi de savoir écouter la voix de la raison qui se trouve en soi.

L'écoute s'articule dans un aller-retour entre un autrui qui est en face de soi et un autre autrui qui est en soi-même. Cette dernière écoute, celle du *logos* qui raisonne, Plutarque recommande d'apprendre à l'écouter tout au long de sa vie, car l'art d'écouter est fondamental pour celui qui veut savoir où se situent la vérité et la dissimulation.

---

1. *Idem.*

L'écoute devient une discipline à part entière chez Plutarque, elle n'est pas seulement un outil permettant d'entrer en contact et de fournir un échange et un dialogue. L'écoute est une fin en soi, elle enclenche l'ouverture au monde. Grâce à l'écoute, on apprend à contempler avant tout dans le silence.

L'importance du silence

Cette notion de contemplation, Philon d'Alexandrie y fait référence dans son traité *La Vie contemplative* où il évoque « les banquets du silence[1] ». Ceux-ci sont à l'opposé des banquets de débauche et tournés vers l'écoute d'un professeur qui lit les textes sacrés.

Le silence est l'environnement propice pour le travail méditatif du retour sur soi. C'est lui qui incite, même provoque, oblige le retour sur soi. L'absence de bruit, de paroles vient nécessairement engager la réflexion sur ses pensées et ses réflexions. Le bruit pollue l'esprit, il génère un détournement de soi. C'est parfois une facilité pour justement ne pas se confronter à soi et à ses pensées. Songeons aux bruits qui nous entourent et sont bien souvent de notre fait. Nous bannissons bien trop souvent par réflexe toutes possibilités de silence : il faut mettre en

---

1. Philon d'Alexandrie, *Œuvres*, Le Cerf, 1961.

fonctionnement la télévision en arrivant chez soi, allumer la radio dès que l'on est en voiture, s'entourer d'informations très largement sans intérêt, de faits divers, de musique. La musique est désormais permanente du salon à la voiture, entre le salon et la voiture, en marchant, en courant, dans les transports en commun ; chaque trajet, chaque déplacement se doit d'être effectué avec de la musique dans les oreilles. On chante, on pense aux paroles, mais pendant ce temps on ne pense pas à soi. On s'inclut dans le rythme musical qui nous promène, on s'y perd. Par l'entraînement musical, la pensée se distrait, elle divague au son dynamique ou romantique, classique ou dansant. Il ne s'agit pas de fustiger la musique. Bien au contraire, la musique a de très nombreuses articulations avec la philosophie dès le *Timée*, mais aussi chez Nietzsche, Rousseau, Adorno, Jankélévitch, Wittgenstein, etc. Ce que l'on cherche à souligner, c'est que certes la musique peut engendrer la réflexion philosophique, mais cela doit se comprendre avec un certain type de musique. D'autre part, cela ne favorise pas l'émergence du silence qui vient établir les conditions de la réflexion et du retour sur soi.

Car l'enjeu du silence dans la méditation philosophique est avant tout de favoriser le travail de la remémoration des différents exercices spirituels nécessaires à la transformation et à l'amélioration de son moi. Marc Aurèle met en œuvre ses méditations philosophiques silencieuses pour réaliser ses examens de pensée. C'est la façon de se rappeler ses « études » inculquées par son maître et directeur de conscience. Le silence de la retraite est l'occasion de se remémorer les règles qui définissent l'action juste. Cela prend la forme de retraite en soi chez l'empereur stoïcien qui s'effectue quotidiennement aussi bien à la campagne que le soir sous sa tente pendant les périodes de bataille.

La retraite silencieuse est vécue dans un sens très proche chez Pline dont la méditation, conseille-t-il, peut prendre simplement quelques minutes par jour ou plus profondément peut se réaliser sur quelques semaines, voire quelques mois. Pline suggère d'établir sa méditation sous forme de lecture, d'écriture, d'étude ; c'est également l'occasion, là encore, de penser à la mort[1].

Les activités méditatives

Depuis le début de cet ouvrage, la méditation est décrite comme pratiquée par l'exercice de la pensée, de l'imagination, de la raison. Il s'agit d'une mise en œuvre essentiellement de l'esprit pour se recentrer sur soi, travailler à son amélioration et à sa transformation.

---

1. Michel Foucault, « Techniques de soi », *op. cit.*

Si la pratique de la méditation philosophique s'effectue essentiellement à travers la pensée et la réflexion, bon nombre d'autres activités permettent un usage tout aussi profond de la méditation. Nous avons déjà vu que le dialogue peut être un exercice méditatif dès lors que nous entamons un échange avec autrui. Mais la marche, la lecture, l'écriture constituent également des exercices spirituels méditatifs. Nous noterons que cela souligne ici de nouvelles distinctions avec les méditations religieuses, notamment bouddhistes. Dans ces dernières, la méditation est restreinte à l'activité de la pensée, de l'esprit ; il ne s'agit pas de méditer à l'occasion de la rédaction, d'un texte, de notes, de réflexions. C'est tout l'enjeu en revanche de la méditation philosophique, où le matériau extérieur à soi peut tout autant être bénéfique que sa propre pensée pour viser un mieux vivre.

L'écriture comme outil méditatif

Il existe plusieurs formes d'écriture méditatives. La forme la plus célèbre est celle que Foucault a analysée sous le terme *hupomnêmata*[1], constituent en tant que tels des exercices spirituels. Ces *hupomnêmata* pouvaient prendre

---

1. Voir les articles de Michel Foucault « Les techniques de soi », « L'écriture de soi » ainsi que « À propos de la généalogie de l'éthique » in *Dits et Écrits*, Gallimard, « Quarto », Tomes 1 et 2, 2001.

différentes formes, aussi bien des sortes de petits carnets que l'on porte sur soi, que des pages uniques. Quelle que soit la forme, l'objectif était de noter les réflexions que l'on pouvait avoir sur tel ou tel événement, sur des pensées qui nous venaient à l'esprit. C'était aussi un moyen de noter des citations, des phrases répétées par les maîtres et que l'on voulait retenir, mais aussi ses rêves. Y étaient également reproduits des extraits d'ouvrages importants à savoir. L'appropriation comme la diffusion de textes se faisaient d'ailleurs en grande partie à travers cette méthode de copiage. Enfin ces *hupomnêmata* étaient aussi garnis d'anecdotes, d'aphorismes, de récits divers et variés. L'objectif est de constituer un véritable corps de doctrines, un corpus sur la façon d'être, de se comporter, l'attitude à adopter face à telle ou telle situation. Le point commun à toutes ces formes, c'est l'objectif final : faire de ces *hupomnêmata* un guide de conduite, un maître dynamique de sa propre vie, un maître que finalement on construit soi-même et auquel on va régulièrement se référer. On l'ouvre et on l'utilise en effet lorsqu'on en a besoin, face aux difficultés de la vie, lorsque les passions nous entraînent, lorsqu'on est en colère, lorsqu'on craint et redoute la mort ou la fortune, etc.

Notons que si le *Manuel* d'Épictète n'entre pas dans la catégorie des *hupomnêmata*, étant un guide écrit par un disciple, son utilisation est toutefois sensiblement identique. Le *Manuel,* c'est aussi l'*encheiridion*, le poignard, que l'on a sous la main en permanence en cas de coups durs, en cas de difficultés. Le petit carnet de notes, on doit l'avoir constamment avec, prêt à être sorti si nécessaire. C'est un équipement, une trousse médicale qui se doit d'être disponible si, dans l'urgence nous avons besoin de noter ou lire un passage, une citation, un texte qui nous aide à passer au-dessus de l'obstacle. L'objectif sera de pallier les crises d'angoisses liées aux passions, aux colères, les soubresauts de l'âme. La lecture de ces *hupomnêmata* doit permettre un retour sur soi instantané et ainsi constituer autour de soi-même une forme de bulle, de cocon protecteur et se suffire à soi-même.

Les *hupomnêmata* sont de réels guides et n'ont pas comme ambition une vertu purificatrice ni même d'avoir un rôle d'aide-mémoire. C'est un simple outil méditatif destiné à l'entraînement de soi, à la formation et la pratique de soi ; Épictète conseille ainsi : « *Garde* [tes] *pensées, mets-les par écrit, fais-en la lecture ; qu'elles soient l'objet de tes conversations avec toi-même, avec un autre*[1]. » Il faut dire qu'Épictète souligne la pratique et l'exercice personnel que sont les *hupomnêmata* en précisant que l'écriture est un triptyque

---

1. Épictète *in Les Stoïciens, op. cit.*

articulant : la méditation *(meletan)* qui permet d'initier l'exercice avec un retour sur la pensée ; l'écriture *(graphein)* qui impose la réalité de la pensée, de la concrétisation ; enfin l'exercice *(gumnazein)* qui est cet entraînement, cette répétition de la méditation et de la pensée. Les *hupomnê-mata* sont une occupation philosophique qui doit nous occuper toute notre vie, précise Épictète ; au moment même de notre mort nous devrions être en train de médi-ter de cette façon. Ainsi souhaite-t-il : « *Puisse la mort me saisir en train de penser, d'écrire et de lire cela*[1]. »

Les *hupomnêmata* favorisent le recentrement sur soi, sur la vie intérieure et, dans le même temps, ils établissent un rapport à soi-même à travers l'écriture et la lecture. Ce qui veut dire que se constitue à travers cette écriture un « *être autre que ce qu'on est*[2] », précise Foucault. Cette constitu-tion s'opère par le regard que l'on porte sur ce que l'on écrit. Les phrases qui sont les nôtres, les notes que l'on prend. On observe finalement ce que l'on est à travers ce que l'on écrit. Ces écrits nous font être un autre que nous-mêmes et constituent chez nous un changement profond. Cela aura pour conséquence de nous modifier totalement. C'est finalement ce que vit Montaigne à l'occasion de la

---

1. *Idem.*
2. Michel Foucault, « L'écriture de soi », *op. cit.*

rédaction de ses *Essais* qui s'étirent sur plus de vingt années. Ainsi, dit-il, « *j'ai fait mon livre autant que mon livre m'a fait*[1] » ou encore « *je suis moi-même la matière de mon propre livre*[2] ». Montaigne souligne ici l'importance de l'écriture et de l'impact sur son propre comportement, ses propres attitudes, sur sa façon d'être. L'écriture transforme Montaigne qui devient un autre que lui-même en annotant des citations dans son livre, en faisant des digressions philosophiques à partir de textes, en écrivant des anecdotes lors de ses voyages, en notant ses pensées et réflexions diverses et variées sur la mort, sur l'amitié, sur les cannibales, etc.

Les *Pensées* de Marc Aurèle semblent également relever de la technique des *hupomnêmata*[3]. En effet, ce travail de Marc Aurèle n'est à l'évidence pas à ranger dans la catégorie des autobiographies, ce n'est pas non plus un récit ou des confessions, c'est véritablement une somme de propos destinés à vivre mieux dans son quotidien. Le fond même des *Pensées* montre bien en quoi cet écrit relève pour son auteur de l'exercice répété, permanent. C'est un moyen pour lui de mettre en perspective les

---

1. Montaigne, *Essais, op. cit.*
2. *Idem.*
3. Thomas Gataker et Méric Casaubon montrent clairement cet aspect des écrits de Marc Aurèle comme des *hupomnêmata* dès le XVIIe siècle.

dogmes stoïciens que son maître Fronton lui a enseignés. Si Marc Aurèle, comme Montaigne bien plus tard, est transformé par ses écrits, c'est que par écrit, sur du papier il dépose véritablement sa conscience dans l'objectif de l'analyser. Par souci d'objectivité vis-à-vis de lui-même, il ne conserve pas ses pensées et réflexions dans son esprit. Par peur de modifier des perceptions, par crainte de perdre une certaine objectivité, Marc Aurèle préfère écrire. L'écrit reste et pourra ainsi plus objectivement être de nouveau réfléchi. Le fait d'écrire une situation quelle qu'elle soit permet à Marc Aurèle de s'y conformer si besoin. Cela permet de lire ce qu'il a écrit sur cette expérience, ce qu'il a imaginé. Parmi ses méditations qu'il couche sur le papier, Marc Aurèle suggère de ne pas se laisser tromper par le luxe, par les choses qui génèrent l'envie, l'attirance, le désir de possession. Il ne se contente pas simplement d'annonces, ni de conseils superficiels. Marc Aurèle demande à ce que l'on médite réellement les caractéristiques de ce qui peut nous attirer, en l'occurrence dans le luxe. Il s'interroge, par exemple, avec détachement sur ce qu'est le pourpre et en méditant cherche à décrypter précisant ce qu'est cette matière. Il répond que ce n'est que du « *poil de chèvre*[1] » et dès lors cela ne

____

1. Marc Aurèle, *Pensées, op. cit.*

doit pas donner lieu à tant d'honneur. En méditant, Marc Aurèle déconstruit les choses qui se présentent à l'esprit. L'enjeu est de démonter toute supercherie de l'esprit et des constructions humaines. Il s'agit simplement de montrer les choses uniquement comme elles sont réellement. Ainsi résume-t-il sa méthode : « *Quand les choses paraissent trop séduisantes, dénude-les, vois face à face leur peu de valeur*[1]. »

On notera que les *hupomnêmata* ont été considérablement repris dans le christianisme. Athanase montre par exemple l'importance selon lui de l'écriture : « *Voici une chose à observer pour s'assurer de ne pas pécher. Remarquons et écrivons, chacun, les actions et les mouvements de notre âme, comme pour nous les faire mutuellement connaître et soyons sûrs que par honte d'être connus nous cesserons de pécher et d'avoir au cœur rien de pervers* [...] *écrivant nos pensées comme si nous devions nous les communiquer mutuellement, nous nous garderons mieux des pensées impures par honte de l'avoir connue. Que l'écriture remplace les regards des compagnons d'ascèse : rougissant d'écrire autant que d'être vus, gardons-nous de toute pensée mauvaise*[2]. » On voit à

---

1. *Idem.*
2. Athanase, *La Vie d'Antoine*, in C. Bourreux, *Commencer dans la vie religieuse avec Saint Antoine*, Le Cerf, 2003.

quoi servent les écrits, ils sont un regard sur soi, un regard de jugement, un regard sévère. Contrairement à l'« outil » *hupomnêmata* utilisé par les philosophes, les chrétiens l'utilisent comme une façon d'expier leurs péchés, c'est une façon de se craindre, de craindre le regard des autres comme de son propre regard. En écrivant leurs péchés, les chrétiens écrivent leur honte, ils écrivent ce qu'ils doivent évacuer de leurs pensées. Quand les philosophes usent d'*hupomnêmata* pour progresser, pour s'améliorer et se transformer, les chrétiens, eux, les écrivent pour se purger, pour évacuer ce qu'ils considèrent comme mauvais dans leurs pensées.

Une autre forme d'écriture est la correspondance. Elle est importante dans le sens où l'échange épistolaire a plusieurs impacts entre celui qui envoie et celui qui reçoit. Dans les *hupomnêmata,* l'impact aussi est multiple puisqu'il est double, mais c'est au sein d'un même individu : soi-même et soi-même comme un autre. Dans la correspondance avec autrui, les impacts sont autrement multiples. Chez celui qui envoie : que dois-je écrire ? Ce que je pense vraiment ou comment je veux être perçu ? Est-ce la vérité ? Est-ce objectif ce que j'écris ? Est-ce que l'écriture à autrui est l'occasion de confession ou au contraire la promulgation de conseils ? En m'adressant à autrui est-ce que je m'adresse réellement à autrui, au destinataire du courrier ou finalement à moi-même ? De même le destinataire ne reçoit pas le même courrier en fonction de son humeur. Une lettre écrite un soir avant d'aller se coucher ne peut être lue en pleine journée, en pleine activité. Les sens de l'écrit ne rencontrent alors pas ceux de la lecture. Le destinataire doit lire le courrier en étant au plus près de l'humeur de l'auteur, il doit en cela s'interroger sur la profondeur et les conditions du courrier. Y a-t-il des subtilités non visibles en première lecture ? Suis-je bien sûr d'avoir compris là où l'auteur voulait m'emmener ? La correspondance est un art de la communication complexe et chaque écrit porte ces questions plus ou moins profondes. La profusion de courriers électroniques méprise tout à fait ces importances de la réception ; la facilité d'envoi provoque bon nombre de malentendus à cause d'un envoi trop rapide, trop bâclé, trop peu relu, trop peu réfléchi. L'abondance de réceptions provoque tout autant de possibles malentendus.

La correspondance est d'autant plus complexe dans les échanges philosophiques qu'ils sont très nombreux entre maître et disciple. C'est le cas chez Épicure dont il ne nous reste d'ailleurs que trois lettres, trois courriers adressés à ses disciples, comme nous l'avons indiqué plus haut. La *Lettre à Pythoclès*[1], par exemple, commence par la reconnaissance de la réception d'une lettre où le disciple a souligné l'amitié pour le maître et où sont rappelés les dogmes épicuriens qui permettent d'atteindre le bonheur. En retour, le maître adresse à Pythoclès des conseils qui lui permettront d'améliorer la mémoire pour sa méditation.

L'échange écrit est alors le lieu de bienveillance, de prise en compte d'autrui, de protection. On aide son correspondant à prendre soin de lui à l'occasion d'un deuil qu'il vient de vivre, on l'aide avec des conseils sur la façon de se nourrir pour se sentir mieux pour vivre mieux. La correspondance n'est pas moins aussi le lieu de la critique, et une critique d'autant plus acerbe qu'elle se nourrit de ce que le correspondant a lui-même écrit. Le maître peut exhorter l'élève à se comporter de telle façon ou telle autre, il lui demande d'agir en fonction de ces conseils de vie. Le disciple doit se sentir alors comme s'il était en permanence sous le regard de son correspondant, de son maître. À distance ce dernier prend chair à travers le papier reçu par le disciple et lui demande de reporter ses actions. Ainsi Sénèque exige à son disciple Lucilius de « *lui rendre compte de chacune de* [ses] *journées, et heure par*

---

1. Épicure, *Lettres, Maximes, sentences, op. cit.*

heure[1] ». Il est clair que la demande est imagée et ce que demande Sénèque, c'est que Lucilius songe en permanence à lui et dès lors aux conseils qu'il lui prodigue. Lucilius le comprend parfaitement et ce dernier lui répond avec allégeance : « *Je ferai donc comme tu l'exiges : la nature, l'ordre de mes occupations, je te communiquerai volontiers tout cela. Je m'examinerai dès l'instant même et, suivant une pratique des plus salutaire, je ferai la revue de ma journée*[2]. »

La correspondance, c'est se dévoiler à l'autre, presque plus que si nous offrions notre corps nu. Le destinataire ne nous voit pas superficiellement nu, il nous voit plus profondément, il nous voit de l'intérieur. Alors qu'on s'adresse au correspondant, qu'on jette un regard sur lui en rédigeant des phrases, ce dernier nous réceptionne nu, jetant un regard pénétrant sur nous. On confie une part de soi dans la correspondance, quelque chose qui finira sous les projecteurs puissants du regard d'autrui. Il se joue une introspection dans le courrier, tant sur celui qui envoie que sur celui qui réceptionne. Cela est d'autant plus vrai à l'occasion d'échanges entre un maître et son disciple, un échange qui engage un examen de conscience

---

1. Sénèque, *Lettres à Lucilius*, in *Les Stoïciens, op. cit.*
2. *Idem.*

qui va être un récit intime de soi-même à son supérieur. Marc Aurèle est dans cette relation avec Fronton, son rhéteur et maître. L'empereur stoïcien se confie à lui dans sa façon de méditer et ce sur quoi il médite, ainsi dit-il : « *Rentré chez moi, avant de me tourner sur le côté pour dormir, je déroule ma tâche, je rends compte de ma journée à mon très doux maître que je voudrais – dussé-je en perdre du poids – désirer plus encore*[1]. » Marc Aurèle reconnaît la bonté et la douceur de son maître et lui rend des comptes en lui contant sa journée passée. Il médite ses actions passées, ses tâches effectuées dans la journée, à ce qu'il a vécu. De ces méditations, Marc Aurèle n'en reste pas à de simples réflexions et finit par consigner dans ses carnets toutes ses méditations, ses réflexions et ses pensées. Toutes sont écrites selon les consignes de Fronton, et Marc Aurèle n'est pas sans imaginer que Fronton lit ces notes, même si celui-ci est mort quand Marc Aurèle les rédige. Il n'empêche qu'une correspondance fictive, virtuelle demeure entre les deux individus et qu'habitué à rendre compte Marc Aurèle continue à s'adresser à lui.

C'est bien l'enjeu de l'écriture méditative y compris dans la correspondance, on écrit autant pour le destinataire du

---

1. Fronton, *Correspondance*, par Ségolène Demougin, Belles Lettres 2003.

courrier que pour soi. La correspondance est même, dans certains cas, le prétexte pour se confronter par écrit à soi-même. L'écriture à son maître est destinée à venir chercher des conseils pour mieux vivre, mais on vient surtout lui prouver que l'on exerce bien les dogmes et l'apprentissage que l'on a reçu. La meilleure preuve que peut offrir le disciple se trouve dans la façon même de s'adresser par écrit à son maître, en lui racontant sa vie, ses méthodes méditatives, ses victoires et ses échecs sur soi-même.

Lire… et méditer

Sénèque est méfiant envers l'écriture qui peut être trop fatigante et, en même temps, trop de lecture risque de tirailler l'esprit. Il faut donc recourir à l'une et à l'autre activité en permanence et tempérer chacune par la compensation de l'autre[1].

La lecture est également une méthode de méditation non négligeable. Ce n'est bien entendu pas le fait de connaître un ouvrage, un article, une œuvre qui engage et rend possible la méditation philosophique. Ce sont les effets de la lecture et les effets que l'on ressent, les effets de la lecture

---

1. Sénèque, lettre 84 in Paul Veyne, *Sénèque*, Robert Laffont, 2003.

sur soi, ce que cela peut signifier et non ce que l'auteur a voulu dire. Le texte à travers la lecture est utilisé comme un outil à la méditation, peu importe l'ensemble du texte, peu importe la globalité, peu importe le sens originel ou le sens commun. Ce qui va être important, c'est l'impact des mots sur son esprit, sur ses pensées, sur l'engagement dans la réflexion. C'est une vision proprement utilitariste des mots qui est faite ici, c'est une proposition qui n'engage que son lecteur, pas l'auteur qui a pu vouloir provoquer quelque chose sur le lecteur. Mais ce dernier se libère des arcanes de la littérature pour réduire le texte à une proposition pour lui-même. À ce titre, les textes originaux permettant ce départ méditatif sont sans limites et des textes philosophiques à la Bible en passant par la poésie ou le théâtre, tout est bon à prendre. Simplement, c'est la façon de lire qui importe, il faut être tout à fait conscient que l'on est dans une démarche de lecture destinée à la méditation philosophique. Il ne s'agit alors pas de lire la Bible en cherchant vérité et foi, en cherchant sens et fidélité à la religion. Il s'agit de la lire comme un outil permettant d'asseoir la méditation philosophique. Les phrases que l'on retiendrait, que l'on pourrait lire doivent savoir vivre sans le contexte du livre et sans le contexte du livre en tant qu'objet dans l'histoire. Dans le *Nouveau Testament*, on peut par exemple lire Timothée qui expose que « *l'amour de l'argent est une racine de tous les maux*[1] ».

Cette position pleinement philosophique que l'on retrouve dans toutes les écoles philosophiques, et plus particulièrement chez les cyniques, est un bon matériau destiné à la méditation philosophique. De là naîtront des questions sur l'argent et sa propre relation à l'argent : suis-je dépendant de l'argent ? Suis-je à la recherche de l'argent ? En quoi l'argent m'est-il nuisible dans l'importance que j'y porte ? Quelles disputes et batailles l'argent produit-il et quelle en est l'influence sur mon comportement ? La méditation philosophique a ici tout un ensemble d'intérêts, ne serait-ce qu'avec ce morceau de phrase. Si maintenant on s'intéresse au reste de la phrase de Timothée, il nous dit concernant l'argent que « *quelques-uns, en étant possédés, se sont égarés loin de la foi*[2] ». Si la phrase n'est pas découpée pour la méditation, elle change radicalement de perspective. Intimement liée à la foi, à la croyance, la phrase sur le détachement de l'argent prend une coloration très différente. La proposition philosophique sur cette question est bien une volonté de

---

1. La Bible, *Nouveau Testament* Gallimard, « Bibliothèque de la Pléiade », 1971.
2. *Idem.*

savoir se détacher de l'argent et la méditation sur cette question revient à s'interroger sur les incidences de l'argent, sur mon comportement et mes réflexions. Si l'on étudie la première partie de la phrase, la réflexion philosophique est préservée. La phrase dans son ensemble souligne les conséquences de l'argent sur la pureté de la foi. La méditation ne peut en aucune manière rester philosophique. Elle devient religieuse et la question devient : comment puis-je garder une foi parfaite quand une attirance ou une passion – ici l'argent – risque de m'en détourner ? Il n'y a aucune volonté ici de s'améliorer, de se transformer, il y a simplement le désir de vivre une foi sans encombre. Autrement dit, on pourrait être très riche, cela n'est pas nuisible dès lors que cela n'entrave absolument pas la fidélité à la religion. D'ailleurs que l'on soit riche ou non, le problème ne se pose pas en ces termes pour les chrétiens et l'argent aurait très bien pu être remplacé par le sport qui peut détourner de l'activité religieuse, la fête qui distrait et déconcentre l'individu qui doit se tourner vers Dieu, etc. Alors que, dans la philosophie antique, bon nombre de penseurs considèrent tout simplement l'argent comme tout à fait inutile puisqu'il ne dépend pas de la constitution de mon bien-être et de mon bonheur. Par ailleurs, la philosophie voit toujours d'un mauvais œil le fait d'être dépendant des choses et, dans le cas présent, il y aurait une dépendance manifeste à l'égard de l'argent. Dans le christianisme, le bonheur est intimement lié à la relation à Dieu et de fait à la conformité de ma foi avec la volonté divine. Par ailleurs, l'indépendance recherchée par les philosophes n'est pas dans les gènes de la religion chrétienne puisque celle-ci demande un rattachement complet à Dieu à travers la foi.

Ce petit exercice nous permet, à travers une citation biblique, de voir comment la lecture est utilisée pour un exercice de la méditation philosophique. D'une telle lecture les critiques semblent évidentes : on ne décontextualise pas des phrases au risque d'en perdre le sens, une phrase ne se découpe pas, mais se lit dans la totalité voulue par son auteur, une citation ne vaut que dans un propos spécifique, etc. Tout cela est tout à fait juste, mais en vue d'une méditation philosophique, la lecture d'extractions, de découpages peut être est nécessaire. On voit bien dans l'exemple de Timothée qu'une phrase peut avoir une interprétation complètement différente en fonction de l'exercice que l'on veut en faire. Bien sûr qu'il faut lire les textes dans le contexte dans lequel ils ont été écrits, bien sûr qu'il faut saisir un sens global et entier, néanmoins pour l'exercice philosophique, ce n'est pas le cas. Il s'agit au contraire de savoir se libérer des carcans littéraires et des conditionnements de nos lectures pour se permettre de piocher, de puiser, de sonder les textes pour en faire son miel.

Faire son miel des lectures, c'est se les approprier en se détachant du positionnement qu'elles ont reçu initialement par leur auteur. C'est s'approprier une idée, une réflexion, une pensée à des fins de méditation et de réflexion. Montaigne pratique cela en faisant recopier des phrases, des citations au sein de ses *Essais* et ensuite en digressant sur le propos de la réflexion. Il établit même cette méthode sur les poutres de sa bibliothèque. Il y fait peindre ou graver des phrases célèbres, des citations philosophiques afin d'y songer quand il entre dans la pièce, quand il travaille, quand il dicte ou écrit, pour s'en souvenir également quand il quitte le lieu. Ces phrases sont extrêmement variées − sentences, citations, aphorismes grecs ou latins − telles que : « *Vivre de peu, mais à l'abri du mal* » de Théognis, dans *Stobée* ; « *Parfaite autonomie : le plaisir vénérable* » de Sotadès, dans *Stobée* ; « *J'attends* » de Sextus Empiricus ; « *Homme : argile* » d'Érasme ; « *Qui sait si ce qu'on appelle mort n'est pas vie, si vivre n'est pas mourir ?* » d'Euripide, dans *Stobée* ; « *Ciel, terre, mer et toutes choses : un néant face au tout du tout de l'univers* » de Lucrèce. C'est plus d'une soixantaine d'inscriptions qui recouvriront le plafond de la bibliothèque de la tour de Montaigne[1]. Toutefois pas toutes en même temps ; Montaigne en faisait écrire certaines, pouvait en supprimer d'autres. Cet exemple souligne de nouveau la forte filiation de Montaigne avec la philosophie antique, qui revendiquait qu'il fallait toujours avoir sur soi, près de soi, les maximes qui nous aident à la réflexion et au mieux vivre.

Ces lectures méditatives prennent donc un sens dans une réécriture de la pensée initiale, dans un sens qui est désormais le nôtre, intime à notre compréhension et ce que l'on veut en faire. Il s'agit même – à l'instar des *Essais* – de se constituer, comme nous l'avons vu dans les *hupomnêmata*, un corpus de phrases, de textes, de chapitres que l'on recopie sur un carnet et qui sont issus des lectures qui résonnent en nous. C'est l'occasion de prolonger les éléments recopiés et de les mettre en perspective avec nos réflexions, nos désirs d'amélioration et de transformation. Le fait d'écrire, de recopier les phrases nous permet de les retenir. La mémorisation des phrases est en elle-même méditation dès lors qu'on les répète en soi et qu'on y confronte ses pensées et réflexions. Retenir les paroles des Anciens, les répéter, les collectionner, c'est

---

1. Alain Legros, *Essais sur poutres, Peintures et inscriptions chez Montaigne*, Klincksieck, 2000.

ce que l'on nomme les *kephalaia*. Ce sont des sentences courtes qui sont présentes notamment chez Marc Aurèle et qui forment un matériau utile à la méditation. La méditation chrétienne, ici encore, s'inspirera de ces techniques. Dorothée de Gaza, par exemple, précise l'importance de méditer sans cesse les conseils en nos cœurs en étudiant « *les paroles des saints Vieillards*[1] ». Néanmoins la finalité n'est pas la même que dans la méditation philosophique puisque, précise-t-il, cela s'effectue dans le but de ne pas pécher.

Avec la méditation et l'entraînement, l'écriture compose le triptyque de l'exercice spirituel pour Épictète. Ce que celui-ci entend par entraînement, c'est la permanence de l'exercice spirituel en général. Toute notre vie nous devons en permanence pratiquer, s'exercer, méditer, écrire et lire. Ce sont les voies de la méditation philosophique, les activités que l'on se doit de suivre le plus possible. Épictète souhaitait même que « *puisse la mort me saisir en train de penser, d'écrire et de lire ces phrases-là*[2] ». Les exercices spirituels ne sont jamais complexes à mettre en œuvre et celui de la lecture-écriture-méditation non plus. Il n'empêche que cela réclame rigueur, volonté

---

1. Dorothée de Gaza, *op. cit.*
2. Épictète, *Entretiens*, Gallimard, 1993.

et courage car c'est un véritable travail sur soi que de prendre du temps pour lire, pour recopier, pour écrire les pensées qui traversent notre esprit en fonction des lectures. Nous l'avons compris, le texte n'est que prétexte, que matériau à destination d'un travail sur soi. Commencer à mettre en œuvre la méditation philosophique à travers la lecture-l'écriture est vraisemblablement un bon départ car nous ne nous retrouvons pas seuls avec nos pensées. On ne se retrouve pas en train de se demander par quoi on commence pour méditer. On est aidé par des mots, par des réflexions, des pensées déjà menées, il s'agit ensuite de les prendre pour soi, les adapter. Ainsi se confronter à des textes philosophiques notamment, aux réflexions des penseurs antiques, à leurs exercices spirituels permettra de s'interroger et d'initier la méditation. Les textes pourront et devront être variés tant philosophiquement que dans les différents types d'écrits. Pour l'ensemble de ses réflexions, Montaigne, de son côté, fait appel à des sources très variées. Et si la philosophie est souvent le fil rouge, de nombreuses citations des Évangiles sont présentes, tout comme de nombreux poètes ou historiens. La poésie est souvent une grande source, le théâtre également, mais cela peut être aussi les autres disciplines des sciences humaines, comme la sociologie, la psychologie, l'anthropologie… Par ailleurs, la réflexion doit se nourrir tout autant des travaux scientifiques, de la physique à la chimie, de la médecine à l'astronomie. Tout sera prétexte à nourrir sa propre réflexion, toute discipline, toute forme littéraire, tout écrit, tout essai ; le matériau pour une réflexion méditative philosophique est sans limites.

Pratiquer la méditation-promenade

Parmi les différentes formes de méditation, la méditation-promenade est à la fois la plus surprenante et, dans le même temps, celle qui nous semble la plus naturelle et spontanée. Tout d'abord surprenante puisque la méditation a souvent comme sous-entendu l'immobilité, le silence, le calme. C'est l'idée d'un retrait du monde physiquement, dans la posture comme dans l'esprit. D'autre part, il est vrai que la méditation associée à la promenade ne nous semble pas totalement décalée. Nous avons tous expérimenté de longs moments de promenade seul ou à deux et qui laissent porter la réflexion à une forme de méditation solitaire ou à l'occasion d'un échange soutenu. Ce dont se rendaient compte les philosophes praticiens de la méditation-promenade, c'est qu'en marchant, en effectuant cette activité physique de faible intensité, émerge naturellement une réflexion méditative. La mise en fonction des muscles mais aussi la confrontation à un environnement dynamique, en mouvement, sont un stimulus pour l'esprit, tant dans la multiplicité des pensées que dans leurs profondeurs.

Épicète aborde ces célèbres « méditations-promenades » dans ses *Entretiens*. Pour le stoïcien, ces méditations très spécifiques sont à privilégier dès lors que l'on médite sur des personnes que l'on rencontre, dès lors que l'on doit s'examiner soi-même. Là encore, les chrétiens avaient goût également pour cette forme de méditation qu'ils ont reprise. Foucault montre précisément qu'ils pratiquaient la méditation-promenade non dans l'objectif d'un travail sur soi, mais dans celui de trouver pendant ce moment la reconnaissance de la toute-puissance de Dieu et de sa souveraineté[1].

Si, dans *Le Gai Savoir*, Nietzsche met en garde contre la dispersion, l'agitation et souligne qu'il faut savoir s'arrêter et méditer de façon immobile pendant des heures[2], il ne se fait pourtant pas moins l'écho de cette méditation-promenade. Grand marcheur, il déclarait que cette activité permettait de faire émerger la pensée. Nietzsche recommandait de ne pas rester assis, de ne pas rester immobile : « *Rester assis le moins possible, n'accorder foi à aucune pensée*

____

1. Michel Foucault, *L'Herméneutique du sujet, op. cit.*
2. Nietzsche, *le Gai savoir*, trad. Patrick Wotling, Garnier-Flammarion, 2007.

qui ne soit née en plein air et en prenant librement du mouvement – où les muscles ne fassent également la fête. Tous les préjugés viennent des tripes. – Rester vissé à sa chaise – je l'ai déjà dit – c'est le véritable péché contre le Saint Esprit. Seules les pensées qui nous viennent en marchant ont de la valeur[1]. » Son Zarathoustra est de fait un grand marcheur et il confronte particulièrement ses pensées avec son environnement. Ainsi, précise la créature nietzschéenne, *« je suis l'homme qui voyage, qui gravit les montagnes ; je n'aime pas les plaines, je ne puis demeurer longtemps en paix assis ; et quel que soit mon destin futur et ce que je pourrai vivre encore, il faudra un cheminement et des ascensions ; car c'est toujours de soi-même qu'on fait expérience*[2] ». Ce que l'on peut noter dans les mots de Zarathoustra, c'est la volonté de s'élever. Cela fait écho à l'un des principaux exercices spirituels : se projeter dans « un regard d'en haut ». Particulièrement présent chez Marc Aurèle, le regard d'en haut est destiné à prendre du recul, de la hauteur, de la distance vis-à-vis des choses, des événements et des difficultés de la vie. Nietzsche également souligne cette importance de prendre de la hauteur : « *Il nous faut encore grimper un bon bout*

---

1. Nietzsche, *Le Crépuscule des idoles*, trad. Patrick Wotling, Garnier-Flammarion, 2005.
2. Nietzsche, *Ainsi parlait Zarathoustra*, trad. Paul Mathias, Blaise Benoit, Geneviève Bianquis, Garnier-Flammarion, 2006.

de chemin, lentement, mais toujours plus haut, afin de gagner un point de vue bien dégagé sur notre vieille civilisation[1]. » Et à travers Zarathoustra, Nietzsche prolonge cet exercice spirituel par la volonté de s'élever dans les montagnes, de vivre des ascensions. Ce qu'il faut lire chez le philosophe allemand, c'est la métaphore de s'élever soi-même et d'entrer en communion avec la nature, ce qui permettra de faire naître la pensée contrairement au confinement des bibliothèques : « *Nous ne sommes pas de ceux qui n'arrivent à penser qu'au milieu de livres, sous l'impulsion de livres — nous avons pour habitude de penser au grand air, en marchant, en sautant, en escaladant, en dansant, de préférence sur des montagnes solitaires ou tout au bord de la mer, là où même les chemins deviennent pensifs*[2]. »

C'est la volonté de prendre de la hauteur qui fait émerger la discussion avec soi, un échange important pour Zarathoustra qui existe tout autant dans les montagnes que dans la marche en générale : « *Je marche beaucoup à travers les forêts, et j'ai avec moi-même de fameux entretiens*[3]. »

---

1. Nietzsche, *Lettres choisies,* trad. H.-A. Baatsch, J. Bréjoux , M. de Gandillac, M. de Launay, Gallimard, 2008.
2. Nietzsche, *op. cit.*
3. Nietzsche, cité ici par Frédéric Gros, *Marcher une philosophie*, Carnet Nord, 2009, p. 7.

La méditation philosophique, une méditation permanente

Si l'on s'intéresse un peu à la méditation, nous trouvons dans les librairies et bibliothèques essentiellement des propositions religieuses. Or nous avions vu précédemment que sur le fond la méditation religieuse s'est considérablement détachée de ce que proposait la méditation philosophique et que dans ce moment nous constatons que l'écartement se fait également sur la forme. La méditation philosophique ne s'arrête justement pas sur la forme, ce qui importe, c'est le résultat que cela provoque : le comportement qui évolue, le bien-être, le mieux vivre dans la vie.

Ce que nous avons simplement observé ici, ce sont avant tout les fondamentaux, les incontournables de la méditation philosophique et prioritairement le retour sur soi, le bilan de soi. Pas de possibilité d'évolution, de transformation de soi si l'on ne se connaît pas soi-même, si l'on ne sait pas qui l'on est avec nos qualités et nos défauts. Car cette intime connaissance permet de méditer sur l'anticipation de soi, c'est-à-dire de prévoir notre comportement à propos d'une situation précise. Il est évident que l'on ne peut anticiper notre réaction face à un événement dès lors que l'on ne sait pas exactement qui nous sommes. Chacun réagit différemment face à un conflit, à un deuil, à une rupture, à une séparation, etc. Ce que souligne la méditation philosophique, c'est qu'en se connaissant et en méditant sur de possibles situations à venir, ces difficultés seront moins lourdes à porter.

C'est pourquoi il s'agit de méditer, d'être en position de méditer philosophiquement en permanence. Parce que se connaître passe effectivement par un bilan de soi, une retraite intérieure permettant de se regarder, de s'interroger sur soi. Mais dans le même temps, c'est dans la vie réelle qu'il s'agit de mieux vivre. C'est donc en permanence un aller-retour entre la vie méditative et la vie mondaine qu'il faut opérer. C'est ainsi que se comporte Socrate lorsqu'il est au banquet, il est à la fois présent et en retraite. Parce qu'il se connaît, il est capable de rester au milieu de la fête dans laquelle il est entré, et il peut soutenir toute discussion, aussi complexe soit-elle. L'histoire philosophique pourrait s'interroger sur Socrate dans cette situation, pourquoi ne quitte-t-il pas ce lieu de débauche à laquelle il ne participe pas réellement et de fait est en décalage avec les autres ? Il semble vouloir aller jusqu'au bout de la conversation, de cette méditation philosophique qui s'est engagée avec ses interlocuteurs, que ces derniers en soient conscients ou non.

La méditation de Socrate telle qu'elle nous est rapportée se déroule très souvent avec un interlocuteur. Il n'empêche que, comme nous l'avons vu, la solitude et l'individualisme sont centraux dans la méditation, quelle qu'en soit la forme : une promenade, un isolement, une retraite. C'est l'occasion de faire silence en soi, ce qui n'est pas faire le vide. C'est au contraire venir digérer les bruits habituels de notre environnement par un silence fécond qui permettra de faire émerger conscience et esprit. Permettre d'appréhender les maux, les difficultés, les obstacles de la vie ; aussi bien ceux en cours que ceux potentiellement à venir. Pour cela, il faut se constituer et exister en tant qu'être, en tant qu'individu et savoir se recentrer sur son individualisme pour prendre soin de soi. C'est à la fois se connaître et se protéger, à la fois s'apprécier et se critiquer, se questionner et trouver des réponses. L'individualisme est un appel à soi comme un appel à autrui. C'est en cela qu'il faut comprendre la citation de Diogène proposée au début de cet ouvrage. C'est parce qu'il s'agit de prendre soin de soi, de savoir s'apprécier à bon escient, c'est-à-dire tel que l'on est, que l'on pourra s'ouvrir aux autres. Prendre soin de soi est le faîte de la méditation philosophique. C'est parce qu'il est nécessaire de prendre soin de soi qu'il faut méditer. Peu importe la forme, le lieu, le comment ou le quand, c'est ce que l'on met derrière la méditation qui est fondamental.

Méditer philosophiquement au quotidien

Si la philosophie est une voie vers la sagesse, le premier moyen d'y accéder est certainement la méditation. Nous avons essayé de souligner cette dimension tout au long de cet ouvrage. La méditation philosophique ne part pas de rien, et n'est pas sans visée. C'est d'abord une volonté de se transformer, un désir de s'améliorer, une motivation d'évoluer. C'est parce que l'on a des difficultés à absorber les obstacles de la vie que l'on va se tourner vers la méditation philosophique. Elle est censée nous être une véritable aide, tout comme la philosophie d'une façon plus générale. Vladimir Jankélévitch soulignait que l'on peut vivre sans philosophie, mais que l'on vivait moins bien. C'est exactement la même chose pour la méditation philosophique, on peut vivre sans, mais la vie est plus difficile à vivre. C'est que la méditation philosophique est posée sur un socle que sont les exercices spirituels, ou plus exactement la méditation est le moyen de l'exercice spirituel. Et ce sont eux qui aident à mieux vivre. C'est l'origine même de la philosophie, ce sont les principes, les dogmes, les préceptes qui, pensés, travaillés, réfléchis, mémorisés, questionnés, écrits, lus, etc. permettent un accès à un mieux vivre. Ils permettent d'appréhender les maux, la vie, les difficultés, les obstacles et même la mort.

Si toutes les écoles philosophiques dans l'Antiquité ont leurs exercices spirituels, avec des directives spécifiques, des conseils singuliers, toutes visent un mieux être pour les individus. Toutes interrogent la vie avec ses qualités et ses contraintes et toutes bâtissent des propositions intemporelles. Ces recommandations vieilles de près de 2 500 ans sont d'une vive actualité en dépit des évolutions des individus dans leur environnement autant que dans leur être. C'est pourquoi la philosophie n'est pas une mode ou alors elle est toujours à la mode. Car il est toujours d'actualité de se préparer à ce qui va advenir, il est toujours actuel de s'interroger sur les maux à venir et de se parer à les vivre du mieux possible. Si, selon le dicton populaire, la peur n'évite pas le danger, elle peut au contraire l'aggraver. La peur qui prépare est recouverte d'angoisses, de craintes. La préparation des maux dans la philosophie permet au contraire d'apaiser ces peurs légitimes. La préparation philosophique désamorce la bombe. Cela reste une bombe, mais elle n'explose pas, ou moins fortement, avec moins de dégâts.

Si le philosophe antique est parfois élitiste, ses messages peuvent cependant être entendus dans un large cercle. Les exercices spirituels sont voués à être entendus et applicables par tous. La seule limite est celle intrinsèque aux individus, dans leurs volontés d'application, dans leur capacité à mettre en œuvre. Nous avons plusieurs fois montré la « facile » compréhension de la méditation philosophique, ainsi que son apparente simplicité à la mise en œuvre. Il y a plusieurs situations, plusieurs environnements possibles pour méditer, se promener est une des possibilités. Nous n'avons pas moins souligné que la méditation philosophique est rigoureuse et exigeante, qu'elle demandait un engagement important, un bouleversement profond pour l'individu qui s'y confronte, tout en s'appuyant sur des méthodes accessibles à tous, la lecture et l'écriture par exemple. Se mêlent à cela des règles tout aussi simples que l'écoute, lorsque l'on médite à deux, ou le silence, lorsque l'on fait retraite en soi.

Ce que nous avons essayé de montrer, ce n'est pas une méthode, en aucun cas un manuel, mais une articulation permettant l'accès à la méditation philosophique. C'est naturellement et prioritairement la connaissance des exercices spirituels que l'on peut lire dans les propositions des Anciens pour mieux vivre. C'est comprendre ce qu'est la préméditation des maux et montrer que ce n'est pas une école du pessimisme, mais un apprentissage de la vie et une acceptation de cette dernière telle qu'elle se donne. C'est enfin connaître quelques techniques méditatives qui vont de la promenade à l'isolement, de l'écriture à la lecture, etc. Là encore, nous ne donnons pas de conseils, mais des propositions, en nous basant sur ce que pratiquaient les philosophes antiques. Il s'agit de glaner ce qui paraît pour chacun une possibilité de mise en œuvre, sachant que pour l'ouvrage nous avons prélevé quelques échantillons de techniques méditatives pour la philosophie, mais bien d'autres existent également et certainement d'autres sont encore à inventer. En effet si les thèmes de la méditation pour mieux vivre ont nécessairement une limite, la forme de la méditation philosophique, elle, n'en a pas.

Confrontation au réel

Le but de la méditation philosophique n'est pas de chercher une sérénité pleine et entière visant un dieu ou une abstraction, mais de méditer sur la journée passée ou celle à venir ; de méditer sur un événement douloureux ou un moment plaisant ; de méditer sur une action réussie ou un échec. Pour ce faire, l'enjeu de la méditation philosophique est de travailler, de s'exercer à analyser notre passé proche ou lointain, à préparer notre avenir à

148

court ou moyen terme. Cette méditation a pour volonté d'être véritablement ancrée dans le quotidien. C'est le quotidien qui vient nourrir la méditation et non l'inverse. Ainsi, la méditation philosophique se colore d'un pragmatisme évident, avec une utilisation concrète et réelle, tout en articulant ce réel avec une prise de distance vis-à-vis de la situation en tant que telle.

De toute évidence, des critiques peuvent émerger de telles propositions ; trop théoriques, trop abstraites ou trop dénuées de concret. Malgré notre effort de donner des exemples ancrés dans la vie mondaine, il demeurera des questions au fond de chaque lecteur du type : « Ce n'est pas parce que je me prépare à ce que mon mari me quitte que je ne souffrirai pas », « Ce n'est pas parce que les philosophes disent qu'il faut vivre de peu pour atteindre le bonheur que c'est facile à mettre en œuvre dans notre société moderne », « Méditer, c'est bien, mais cela réclame du temps que je n'ai pas », « Faire en sorte de se préoccuper de ce qui dépend de moi, c'est bien, mais ce n'est pas réaliste », etc. Ces critiques sont évidemment légitimes et nous avons en partie essayé d'y répondre. Nous avons aussi dit que la méditation philosophique ne relevait pas du miracle – même si l'on parle du miracle grec concernant l'émergence de la philosophie dans cette région. Elle permet simplement de vivre mieux, de prendre les choses avec anticipation et dès lors avec moins de surprise et de choc. Répétons, en la paraphrasant, la sentence de Jankélévitch : on peut vivre sans méditation philosophique, mais on vit moins bien.

Nous souhaitons illustrer cette dimension par un exemple tout à fait concret vécu à l'occasion d'une conférence philosophique. Cela se déroule à la médiathèque de Drancy en région parisienne, un soir d'hiver sur le thème du travail. La conférence se déroule de façon classique puis s'engage un débat avec la salle. Toutes les réflexions sont alors abordées : faut-il travailler ? Comment ? Qu'est-ce que l'exploitation ? Peut-on être heureux au travail ? Quelle scission entre vie privée et vie professionnelle ? Etc. Les discussions nourries, les argumentations précises et construites permettent une ambiance autant chaleureuse qu'intense. Au bout d'une heure et demie d'échanges, les discussions se tarissent et un vieil homme lève la main pour une dernière question ainsi que l'annonce le modérateur. Après les salutations et remerciements conventionnels, il dit : « *Je n'ai pas de questions mais une remarque. J'ai travaillé toute ma vie sans relâche, pendant plus de quarante ans. J'ai passé une très bonne vie professionnelle ; j'ai toujours dit et j'ai toujours cru que j'avais été heureux professionnellement. Eh bien seulement aujourd'hui et devant l'inéluctable forcément proche pour moi, je me rends compte, grâce à la philosophie, que pendant toutes ces années je me suis menti.* » Il est simple d'imaginer le silence qu'ont provoqué ces quelques phrases, chacun d'entre nous était renvoyé à la profondeur du témoignage et en même temps à sa propre expérience, sa propre situation vis-à-vis du travail. Il y avait dans ce qu'il disait un sentiment de grande tristesse. Cela tenait au fait de s'être menti à soi-même mais pas tant que cela, il n'avait finalement pas été malheureux et semblait avoir fait une carrière de cadre respecté et honnête. La tristesse venait surtout de ne s'être confronté à la philosophie que si tard dans la vie. À l'approche de la mort, puisque c'est ce dont il parlait en évoquant l'inéluctable, il se rend compte du conditionnement mental dans lequel nous tombons tous et, en l'occurrence, que la norme est un travail, ce qui est peut être le conditionnement le plus puissant autant d'ailleurs que le plus absurde. Le vieil homme s'est rendu compte des constructions mentales que l'on se fait soi-même, comment est-ce que finalement on se convainc soi-même de rester dans des situations devant lesquelles on devrait résister. Il n'est pas certain que la méditation philosophique aurait permis à cet homme de se rendre compte avant son âge qu'il se mentait à lui-même. Il est encore moins certain que cela lui aurait fait prendre d'autres décisions, pour ne pas les regretter à la fin de sa vie. Mais ce sont toutefois des hypothèses à ne pas exclure, savoir se confronter à soi-même pour vivre mieux est l'un des piliers de la méditation qui, avec la confrontation aux Anciens et l'entraînement de la méditation, permettent une veille de soi. Tout cela doit permettre justement de ne pas se mentir à soi-même. Les allers-retours entre notre vie et notre pensée sont si fréquents, et si longs, puisqu'il s'agit de méditer toute sa vie que cela ne sera pas sans difficulté. La méditation fera émerger des contradictions entre ce que nous vivons et ce que nous voulons. En écrivant ses pensées, en les méditant, en se parlant à soi-même ou avec quelqu'un, en lisant et en préméditant on balise, on protège en quelque sorte sa pensée pour qu'elle soit au maximum limitée par un conditionnement externe.

Néanmoins, il n'est jamais trop tard pour méditer, le vieil homme n'allait *a priori* pas décéder dans les jours ni dans les semaines qui venaient, et nous espérons que plusieurs années sont encore devant lui pour pratiquer la méditation et aborder la philosophie. Même si, toutefois, il est évident que c'est bien plus difficile lorsque l'on a un âge avancé de changer ses habitudes pour en acquérir de nouvelles. Épicure souligne l'importance de philosopher à tout moment de sa vie, quel que soit son âge. Dans la *Lettre à Ménécée* il souligne : « *Quand on est jeune, il ne faut pas hésiter à philosopher et quand on est vieux, il ne faut pas se lasser de philosopher. Il n'est jamais ni trop tôt, ni trop tard pour prendre soin de son âme. Celui qui dit qu'il n'est pas encore ou qu'il n'est plus temps de philosopher, ressemble à celui qui dit qu'il n'est plus temps d'atteindre le bonheur. On doit donc philosopher quand on est jeune et quand on est vieux*[1]. » Toutefois, nous l'avons vu, la philosophie en général, la méditation en particulier ne s'improvise pas. Si c'est accessible à tous, cela demande de la rigueur, de l'intensité et de l'entraînement pour tous et il est préférable de commencer dès le plus jeune âge. Si l'on pratique la course à pied tôt dans sa vie et que l'on maintient une régularité de la pratique il sera possible de courir à un âge très avancé ; le cœur, les muscles et les articulations sont habitués. En philosophant dès le plus jeune âge, on prend les réflexes de travailler son esprit, son âme, son imagination. On prend l'habitude de se connaître, de faire le bilan de soi régulièrement, on acquiert la capacité à se transformer, à s'améliorer. C'est d'ailleurs ce que recommande Galien : « *Pour devenir un homme accompli, chacun a besoin de s'exercer pour ainsi dire toute sa vie* [même s'il vaut mieux] *avoir, dès son plus jeune âge, veillé sur son âme*[2]. »

---

1. Épicure, *Lettres, Maximes, Sentences*, *op. cit.*
2. Galien, *Œuvres philosophiques et logiques*, Garnier-Flammarion, 1998.

L'urgence de la philosophie et de la méditation

Il n'y a donc pas de temps à perdre, il y a urgence à philosopher. Il ne s'agit pas d'attendre la retraite pour se mettre à écouter et à pratiquer la philosophie, d'être en vacances ou en week-end. Sénèque, dans les *Lettres à Lucilius,* le souligne avec vigueur : « *Ce n'est point en vacances qu'il faut philosopher. Nous devons négliger toutes les autres choses pour nous appliquer à un objet pour lequel nous n'aurons jamais assez de temps, notre vie se prolongeât-elle de l'enfance jusqu'aux dernières limites de l'existence humaine. Interrompre l'étude de la philosophie, c'est presque la même chose que l'abandonner ; car cette étude ne demeure pas au point où nous l'avons interrompue, mais semblable à ces ressorts tendus qui oscillent si on les lâche, elle revient à ses débuts quand nous avons cessé de la poursuivre. Il faut tenir en garde contre les occupations, ne pas les développer, mais plutôt les écarter. Il n'est aucun moment qui ne soit favorable à une étude capable d'apporter le salut. Or, beaucoup de personnes n'étudient pas au milieu de circonstances qui devraient les pousser à le faire. Quelque empêchement va-t-il survenir ? Cet incident ne saurait toucher l'homme qui en n'importe quelle affaire sait garder contentement et allégresse. Chez les imparfaits, le contentement s'interrompt, mais la joie du sage est un tissu que n'arrive à rompre aucune cause, aucun coup de la fortune ; partout et toujours la tranquillité demeure*[1]. » On notera, dans l'injonction de Sénèque, l'importance également de la rigueur dans la pratique, la régularité qu'il est nécessaire d'avoir pour philosopher correctement, plus exactement pour en avoir les conséquences positives. C'est pourquoi il faut méditer toujours et partout, la méditation philosophique n'a de véritable effet que si nous la pratiquons en continu, quotidiennement. Être philosophe, ce n'est pas se cantonner à des horaires ou à des lieux, c'est une attitude permanente envers soi-même et envers le monde. Ce n'est donc jamais s'extraire du monde, c'est au contraire y être pleinement. Il n'empêche que pour être pleinement au monde, il est parfois nécessaire de le quitter. Comme nous l'avons déjà dit, c'est une extraction du monde, un décollage de son être en vue d'un écrasement au monde dans un futur proche. C'est cette mise en retraite qui nous permet la méditation, qui nous permet de philosopher, c'est en ces endroits que nous prenons soin de nous-mêmes, pour revenir dans le monde tel qu'il se donne et tel qu'il est noué d'échanges avec autrui. Sans prendre soin de soi, nous sommes jetés dans un monde qui nous paraît agressif et hostile, où l'on se sent autant bousculé qu'agressé. Il ne faut pas attendre des autres, de

---

1. Sénèque, *Lettres à Lucilius, op. cit.*

son environnement, du monde en général qu'il soit là pour nous. Nous sommes là pour nous-mêmes et nous avons avant tout à veiller sur nous-mêmes. En prenant soin de soi, nous pourrons prendre soin des autres. Songeons aux psychanalystes qui ont l'obligation de vivre une analyse avant de soigner eux-mêmes des patients par la suite. De façon très concrète, songeons aux consignes de sécurité dans un avion, il est clairement prescrit de mettre son propre masque à oxygène avant même d'aider à mettre celui de nos enfants ou de personnes en difficulté. Si nous ne pouvons respirer nous ne pouvons aider les autres. C'est exactement la même chose que la méditation nous apprend, nous ne pourrons nous occuper d'autrui, plus globalement nous ne pourrons vivre que si préalablement nous nous sommes occupés de nous-mêmes.

Méditer le travail

La méditation, c'est partout, tout le temps, tous les jours. D'autant plus, là où il y a difficultés et souffrances, songeons aux lieux de travail par exemple. Pourquoi est-ce qu'il y a tant de souffrances sur les lieux de travail ? Pourquoi tant de difficultés dans les relations humaines ? Il y a fort à parier que la dimension consistant à prendre soin de soi est bafouée. Nous avons vu à quel point la notion de prendre soin de soi doit prendre sens dans la pratique de la philosophie et de la méditation. Si ce n'est que la société telle qu'elle se dessine n'intègre pas cette compréhension et considère que prendre soin de soi, c'est prendre un jour de repos, des vacances à l'occasion desquelles il sera possible de dépenser l'argent que l'on a gagné au travail. Ainsi le cercle vicieux est amorcé puisque la volonté sera d'accroître cette façon matérialiste – au sens commun – de « prendre soin de soi ». Et cette façon d'être pendant les temps libres est exponentielle : partir en vacances de plus en plus loin, dans des lieux de plus en plus luxueux, habiter dans une maison plus grande, posséder une voiture haut de gamme, etc. En conséquence de quoi il faut travailler davantage pour finalement « prendre soin de soi ». On se demande même si parce qu'on ne prend pas soin de soi on utilise l'autre pour prendre soin de soi : un collaborateur, une assistante, un collègue. Dès lors, qui prend soin de celui qui a en charge quelqu'un d'autre ? N'y a-t-il pas un trouble en bout de chaîne ? Le bien-être, le mieux vivre ne s'arrête pas aux portes des entreprises, du monde du travail en général. Bien au contraire, il doit y être particulièrement sous surveillance.

Tout le séquencement consistant à travailler plus pour un prétendu mieux être devient dangereusement une norme, et c'est tout à fait l'opposé de ce qu'est prendre soin de soi dans la méditation philosophique.

Cette norme établie a besoin d'être enrayée pour vivre mieux dans un ensemble collectif, et la première nécessité est de méditer, si ce n'est au travail, la notion même de travail. Pourquoi travaillons-nous ? Quels sont nos besoins ? Quelle est la nécessité de travailler ? Quelles sont les autres voies ? Il n'est pas le lieu de développer ces questions ni les réponses. Mais il est capital de s'arrêter sur ces interrogations, de les méditer dès lors que la plupart des individus passent la très grande partie de leur vie au travail. Nous devons repenser la catégorie travail au prisme de la méditation philosophique, au regard des propositions stoïciennes, épicuriennes et cyniques. Cette confrontation doit nous permettre de nous penser face au travail, pourquoi gagner plus d'argent ? Pourquoi vouloir certains développements ? Est-ce à tout prix ? Pourquoi créer des systèmes financiers complexes ayant comme seule finalité l'accroissement de gain ? Pourquoi et à quelles fins rechercher le pouvoir, la possession et finalement une exploitation qui ne dit pas son nom. Si nous méditions ces questions, peut-être éviterions-nous des difficultés, peut-être même saurions-nous les anticiper avec profit.

Méditer au quotidien

Ce dernier passage sur la méditation du travail, forcément incomplet, forcément trop court, indiquant uniquement un début de réflexion en cours, n'est qu'une preuve de la nécessité de méditer au quotidien. C'est un effort, mais qu'est-ce qu'un effort quand la finalité est de mieux vivre ? Il y a beaucoup de métaphores dans l'histoire de la philosophie entre le médecin et le philosophe. Le médecin soignerait le corps quand le philosophe soignerait l'âme. Tous deux thérapeutes, ils contribuent au bien-être dès lors que l'on peut suivre leurs prescriptions. Nous avons des maux corporels que nous savons en partie soigner, nous avons tout autant des maux de l'âme que sont le souci, l'angoisse, la crainte, la peur que nous savons également soigner.

Au moment d'écrire ces dernières lignes, espérons que cet ouvrage ait donné goût d'aller à la confrontation des textes de nos maîtres antiques, de Socrate à Épicure, de Sénèque à Marc Aurèle, de Diogène à Épictète. Les contemporains ne sont clairement pas à exclure, Foucault notamment – mais il y en a d'autres – a parfaitement compris la nécessité de la méditation. À l'occasion d'un séjour dans un temple zen au Japon[1], Foucault chercha même à se confronter à la méditation bouddhiste. Toutefois, l'expérience achevée et pourtant appréciée, c'est la

____

1. « Michel Foucault et le zen : un séjour dans un temple zen » in *Dits et Écrits, op. cit.*

philosophie qu'il continua de méditer pour le conduire jusqu'à la mort et principalement les questions sur le souci de soi dans la philosophie antique.

Soyons réalistes, nous essaierons de méditer, comme nous essayons d'avoir un comportement de philosophe. Nous n'y parviendrons jamais complètement, jamais véritablement. La vie que nous menons, la société et l'environnement que nous avons choisis influencent directement notre âme et il est fort complexe de savoir s'en extraire complètement. Notre éducation, notre jeunesse n'a pas, pour bon nombre d'entre nous, permis d'acquérir les réflexes comme pouvaient en avoir les Anciens. Toutefois nous tenterons de méditer et d'être philosophes, c'est la voie vers la sagesse qui importe à ce stade, la volonté de changer, de s'améliorer et de se transformer. C'est de mettre en pratique, en essai, en tentative la méditation et la sagesse qui est à souligner, même de courts instants, même ponctuellement. Chaque tentative de méditation philosophique est un acte philosophique menant vers une sagesse permettant un mieux vivre. Si seules la régularité, l'intensité, la fréquence, l'ascèse sont les sources de la méditation philosophique, cela passe nécessairement par des essais, des tentatives, parfois infructueuses, mais qui nourrissent la réflexion et finiront par aboutir à une méditation philosophique complète et soutenue.

Toutes les étapes constitueront un Apprentissage de soi. Un apprentissage qui permet de se construire dans la vie, qui nous permet, en fonction de nos vies, de nos expériences, de nous constituer, de nous apprendre nous-mêmes pour faire face aux obstacles de la vie, aux possibles difficultés, mais aussi permet la pondération des joies, toujours éphémères. La méditation philosophique est une voie vers cet Apprentissage de soi, elle nous permet, et c'est ce que nous avons essayé de montrer tout au long de ces pages, de constituer notre existence dans le monde, dans notre environnement, en nous-mêmes.

Bibliographie

ATHANASE, *La vie d'Antoine*, in C. Bourreux, *Commencer dans la vie religieuse avec Saint Antoine*, Le Cerf, 2003.

ÉPICTÈTE,

Manuel, trad. Emmanuel Cattin, Garnier-Flammarion, 1999.

ÉPICTÈTE *in Les Stoïciens*, Gallimard, « Bibliothèque de la Pléiade », 1962.

Entretiens, Gallimard, 1993.

ÉPICURE, *Lettres, Maximes, sentences.* trad. Jean-François Balaudé, Livre de poche 1994.

FINKEL Michael, « The Hadza », *National Geographic*, december 2009.

FOUCAULT Michel,

Dits et Écrits II, Gallimard, « Quarto », p. 1617.

Le Gouvernement de soi et des autres, Cours au Collège de France. 1981-1982, éditions Hautes Études, Gallimard-Seuil, 2008.

L'Herméneutique du sujet, éditions Hautes Études, Gallimard-Seuil, 2001.

FRONTON, *Correspondance*, par Ségolène Demougin, Belles Lettres 2003.

GALIEN, *Œuvres philosophiques et logiques*, Garnier-Flammarion, 1998.

GAZA Dorothée (de), *Œuvres spirituelles*, Le Cerf, 2001.

GROETHUYSEN Bernard, *Anthropologie philosophique*, Gallimard, « Tel », 1953, p. 87.

GROS Frédéric, *Marcher une philosophie*, Carnet Nord, 2009, p. 7.

HADOT Pierre, *Exercices spirituels et philosophie antique*, Albin Michel, 2002, p. 19-74.

HORACE, *Épître*, Les Belles Lettres, 2003.

LA BIBLE, *Nouveau Testament*, Gallimard, « Bibliothèque de la Pléiade », 1971.

LEGROS Alain, *Essais sur poutres, Peintures et inscriptions chez Montaigne*, Klincksieck, 2000.

LUCRÈCE, *De la nature*, Garnier-Flammarion, 1999.

MARC AURÈLE, *Pensées*, Garnier-Flammarion, 1999.

MONTAIGNE, *Essais*, par Claude Pinaguaud, Arléa, 2002.

NIETZSCHE,

Le Gai savoir, trad. Patrick Wotling, Garnier-Flammarion, 2007.

Le Crépuscule des idoles, trad. Patrick Wotling, Garnier-Flammarion, 2005.

Ainsi parlait Zarathoustra, trad. Paul Mathias, Blaise Benoit, Geneviève Bianquis, Garnier-Flammarion, 2006.

Lettres choisies, trad. H-A Baatsch, J. Bréjoux, M. de Gandillac, M. de Launay, Gallimard, 2008.

OVIDE, *Les Métamorphoses*, trad. Jospeh Chamonard, Flammarion, 1993.

PAQUET Léonce, *Les Cyniques grecs*, Livre de poche, 1992.

PHILON d'Alexandrie, *Œuvres*, Le Cerf, 1961.

PLATON,

Phédon, trad. Monique Dixsaut, Garnier-Flammarion, 1999.

Apologie de Socrate, trad. Luc Brisson, Garnier-Flammarion, 1999.

PLUTARQUE,

De conscience tranquille, trad. Mytos Gondicas, Arléa, 1996.

« Comment écouter », in *Œuvres morales*, Les Belles Lettres, 1989.

PYTHAGORE, *Les Vers d'or*, Aydar, 1998.

RICARD Matthieu, *L'Art de la méditation*, Nil 2008.

SAINT-GIRONS Baldine,

Les Marges de la nuit, L'Amateur, 2006
L'Acte esthétique, Klincksieck, 2008.

SCHAERER R., *La Question platonicienne*. Neuchâtel, Vrin, 1969.

SÉNÈQUE,

De Ira, Klincksieck, 2000.
Lettres à Lucilius, trad. Marie-Ange Jourdan-Gueyer, Garnier-Flammarion, 1999.

SHAFTESBURY, *Exercices*, trad. Laurent Jaffro, Aubier, 1993.

SPINOZA, *Éthique*, Garnier-Flammarion, 1993.

THOREAU Henri David, *Walden ou la Vie dans les bois*, Gallimard, 1990.

VERNANT Jean-Pierre, *Mythe et pensée chez les Grecs*, La Découverte, 2005.

Index des notions clés

Index des noms propres

Table des matières

Partie I
La méditation philosophique, un exercice spirituel

Partie II
La préméditation philosophique

Partie III
Techniques et méthodes
de la méditation philosophique

Composé par Sandrine Rénier

N° d'éditeur : 4068

Dépôt légal : juillet 2010
Imprimé en Allemagne par BoD